Reichows Weckruf!

Lars Reichow

mit den besten Kolumnen
aus der Allgemeinen Zeitung

lachland ltd.
Agentur für Kabarett und Unterhaltung

Reichows Vorwort

Es war im Spätsommer 2010, als mich Friedrich Roeingh, gerade frisch gedruckter Chefredakteur der Allgemeinen Zeitung, bei einem konspirativen Abendessen fragte, ob ich nicht Interesse hätte an einer regelmäßigen Kolumne in der Samstagsausgabe der Mainzer Zeitung.

Roeingh dachte an einen lokalpolitischen Kommentar, vor dem die politische Klasse in Mainz wöchentlich erzittern sollte. Wir einigten uns auf einen Ansatz, der sich bis heute gut bewährt hat: Eine Mischung aus stadtnahen Themen und Familienthemen. Dieser Abend war der Beginn einer erfolgreichen Zusammenarbeit und ich möchte die Gelegenheit nutzen, mich für das Vertrauen zu bedanken. Wir freuen uns beide an der ausgesprochen guten Resonanz der Kolumne. Viele Leserinnen und Leser aller Altersklassen haben mir bis heute bestätigt, dass der Weckruf für sie ein fester Bestandteil des Samstagvormittags geworden sei. Manche haben mir sogar versichert, dass sie nur wegen mir den Rest der Zeitung abonniert hätten. Für diesen Hinweis bin ich besonders dankbar und will ihn gleich bei den nächsten Honorarverhandlungen mit dem Verlagshaus ins Spiel bringen.

Viele nette Menschen haben mich in den vergangenen Jahren angesprochen und angeschrieben, mir tolle Vorschläge gemacht und sich gelegentlich auch mal beschwert. So soll es sein!

Es kann wirklich Spaß machen, sich einzumischen in die Stadtpolitik, aber in erster Linie überwiegt bei mir wie bei allen Mainzern der Stolz auf unsere Stadt. Hoch lebe Mainz und seine tapferen Bürger! So, jetzt aber viel Spaß beim Lesen der besten Kolumnen aus fast zwei Jahren.

Guten Morgen allerseits!

Lars Reichow

Mainz, im November 2012

Reichows Leben

Lars Reichow kam am 12. Juni 1964 im Mombacher Rochus-Krankenhaus zur Welt. Seine Mutter ist Apothekerin, sein Vater Oberstudienrat und Jazzmusiker. Mit sechs Jahren lernte der kleine Klaviator, die ersten Tasten zu drücken, mit elf Jahren sang er zur Gitarre und mit 16 spielte er Posaune in der väterlichen „Bernd Reichow Jazz Formation". Gemeinsam mit dem Vater und seiner Band ging er ab 1981 als Posaunist mit Hanns-Dieter Hüsch auf Tournee und war so beeindruckt, dass er schließlich Musik und Germanistik studierte. Erst 1992, ganz am Ende seines Studiums, gab er sein Debut als Musik-Kabarettist, der Titel des Programms war in Hinblick auf die Anzahl der Zuschauer sehr bescheiden „Ich bin auf jeden Fall da!".

Es kamen immerhin schon 400 Leute.

In den folgenden 20 Jahren kamen noch zehn Programme, zwölf Preise, u. a. der Deutsche Kleinkunstpreis, der Berliner Kabarettpreis und der NRW-Kulturpreis und ein paar Hunderttausend Zuschauer dazu.

Heute wird Reichow als einer der intelligentesten und vielfältigsten Kabarettisten Deutschlands bezeichnet. Er schreibt Kabarett- und Liederprogramme, experimentiert mit Band-, Bigband- und A-Capella-Formationen.

Darüber hinaus moderiert er Kammer- und Sinfoniekonzerte, spricht auf SWR 2 seine eigene Monatsrevue (immer am letzten Samstagvormittag von 9 – 10 Uhr). Auf allen wichtigen Bühnen und Festivals in Deutschland und in der Schweiz ist er mit seinen Live-Programmen präsent, gab einen Abend im Schloss Bellevue beim Bundespräsidenten und trat in Erscheinung als Texter, Komponist und Moderator für den Henri-Nannen-Preis. Als Schauspieler gab er Gastspiele am Renaissance-Theater Berlin und in den Kammerspielen in Wien.

Sein Kabarett-Programm „Goldfinger" wurde für den WDR, SWR und im Schweizer Rundfunk aufgezeichnet. Er tritt in allen renommierten Kabarett-Sendungen im Fernsehen auf.

Im Privatleben ist er ein bekennender Familienmensch, den es auch aus großen Entfernungen nachts nach Hause zieht zu seiner Frau, den Kindern und den Haustieren. Und auch wenn dort kein Applaus aufbrandet, wenn er spät in der Nacht den Flur betritt, ist das Familienleben für ihn eine beständige Inspiration. Viele Erlebnisse aus der Familie sind direkt, teilweise auch verfremdet und zugespitzt eingeflossen in die wöchentliche AZ-Kolumne.

Ein Mann allein zu Haus

Ich finde, die Beaufsichtigung von Kindern wird insgesamt überschätzt. Das ist doch nicht weiter schwer, auch wenn man als Mann mal alleine ist. Manche machen einen Riesenwirbel darum. Es gibt viele Mütter, die verstehen sich als Manager. Das finde ich übertrieben. Aber bitte, warum denn so viel Tamtam um diese Tätigkeiten? Man muss die Kinder morgens nur wecken, in die Schule schicken und mittags ein paar Eier in die Pfanne hauen. Am Nachmittag sind sie üblicherweise verabredet und abends geht's früh ins Bett. Kinder sind Selbstgänger, habe ich meiner Frau immer wieder erklärt. Die brauchen nur ein bisschen Führung im Hintergrund. Einen geschützten Raum, in dem sie z. B. in Ruhe fernsehen können.

Warum es dann doch anders kam, kann ich mir bis heute nicht erklären. Es war Anfang des Jahres, als meine Frau mit ein paar Freundinnen in die Berge fuhr zum Skifahren. Jedes Jahr entspannt sich die Gruppe, die sich aus verschiedenen Waldorf-Zupf-Workshops, Stretch-Seminaren, Pilates-Pilotprojekten oder irgendeiner Jazztanzgruppe mit Geburtenrückbildung kennt, in Österreich, genauer gesagt in Rauris.

Der Kurzurlaub war zwar lange angekündigt, traf mich aber dann doch irgendwie unvorbereitet. In der festen Annahme, dass meine Frau ihre Mutter als Ersatz einfliegen lässt, hatte ich im Vorfeld erklärt: „Kein Problem, Schätzchen, fahr du ruhig! Wenn sie dich mitnehmen, dann fahr. Ich schaff das schon mit den Kindern." Und dann ist sie losgefahren. Und ich stand da. Allein. Nur mit den Kindern. Ich hatte mich verschätzt.

Es begann eigentlich ganz ruhig. Es war elf Uhr, das Haus leer und alles still. Wunderbar, hab ich gedacht, Mutti erholt sich, dann mach ich das auch. Und wenn sie wiederkommt, spiele ich den Erschöpften und sage: „Endlich bist du wieder da ...!" Wichtig ist nur, dass sie denkt, ich hätte mich in ihrer Abwesenheit total aufgerieben. Dann kann ich auch mal weg auf eine Hefe-Weizen-Fortbildung oder ein Rotwein-Seminar. Ich saß also gemütlich im Wohnzimmer und ließ den Fernseher laufen wie früher, als ich selbst noch ein Kind war. Ich musste gerade eingeschlafen sein, es war so gegen 12.30 Uhr, da kamen plötzlich – viel früher als erwartet – die ersten Kinder. Sie hämmerten an die Tür, klingelten ungeduldig und rissen an der Türklinke.

Zu spät, leider viel zu spät, wurde mir klar, dass ich in der morgendlichen Hektik vergessen hatte, eine Mahlzeit vorzubereiten. Und meine Frau hatte mir noch vorgeschlagen, das Essen gemeinsam zu planen und, so weit wie möglich, vorzubereiten.

„Oder ihr holt euch 'ne Pizza ...", hatte sie noch aus dem Autofenster gerufen. – Das erschien mir alles zu geplant. Ich wollte die Sache etwas moderner angehen. Lässiger. Spontaner. Flexibler.

Die Kinder klingelten Sturm, traten gegen die Haustür. Kaum im Flur, verstreuten sie Jacken, Schuhe und Ranzen. Sie waren hungrig. Die verwöhnten Teenager hatten wohl mit einer warmen Mahlzeit gerechnet und streiften unruhig um mich herum. Ich fing an, ein paar Verlegenheitsbrote zu schmieren. Die Kinder nutzten die Zeit und fingen an, sich zu streiten. Und wenn ich nicht in letzter Sekunde drei Tafeln Schokolade dazwischen geworfen hätte, wäre es vielleicht noch zu Bisswunden gekommen, so hungrig waren sie. Kam noch hinzu, dass sie nicht allein gekommen waren, sondern noch einige schwer erziehbare Klassenkameraden mitgebracht hatten, die auch den Eindruck machten, als ob sie seit Monaten nichts mehr gegessen hätten.

Die Brote legte ich ein paar Minuten in den Backofen, um den Eindruck einer warmen Mahlzeit vorzutäuschen. Jetzt kam es zu ersten Handgreiflichkeiten bei Tisch. Als die ersten Gläser umfielen, hörte ich mich wild herumbrüllen. Entgegen meinem ausdrücklichen Verbot gingen dann alle mit den Broten in der Hand auf ihre Zimmer und versuchten mit Hilfe von Kissen- und Flurschlachten das Haus von innen zu zerstören. Ballspiele, Kartenspiele wechselten mit Nachlauf und Brettspielen mit katastrophalem Ausgang. Ich tobte, aber die Kinder spielten so laut, dass sie mich gar nicht hören konnten. Türen flogen, Rahmen wackelten.

Am Ende stand ich wie Jack Nicholson in „Shining" mit gefährlichem Grinsen an der Spülmaschine, wollte gerade das große Fleischermesser aus der Schublade ziehen, da strömten ungefähr zwei Dutzend Kinder gleichzeitig aus den Zimmern, um mich zu überfallen: „Dürfen wir an den Computer?" „Fährst du mich zum Handball?" „Darf ich heute Abend den Krimi gucken?" „Ich brauche noch 30 Euro" „Kannst du hier mal unterschreiben?" Ein Mann, auch wenn er sich lange und aufmerksam in der Nähe einer Frau aufgehalten hat, kann nicht so viele Dinge auf einmal regeln.

Es war schon lange dunkel, als mir alle Zusammenhänge klar wurden, sämtliche Gastkinder das Haus verlassen hatten und ich alle Schulformalitäten erledigt hatte. Insgesamt hatte ich vom ersten ganzen Kinderbetreuungstag noch sieben Minuten zur eigenen Verwendung abgezwackt. In den nächsten Tagen konnte ich diese Zeitspanne auf 15 Minuten hochschrauben. Heute Morgen habe ich im Bett gefrühstückt. Allein. Die Tür von innen verschlossen! Ich bin am Ende!! Diese Woche ist die härteste meines Lebens!

Morgen kommt meine geliebte Frau zurück. Ich werde eine große Willkommensparty vorbereiten. Sie ist einfach unersetzlich!

Das Problem mit den Aufklebern

Ich ess ja gerne mal einen Apfel. Schmeckt gut, frisch, knackig und macht schlank. Wenn Sie auch mal einen Apfel gegessen haben, dann ist Ihnen sicher aufgefallen: Die meisten Äpfel haben einen Aufkleber. Und dieser Aufkleber ist wohl eine Art Visitenkarte. Da steht dann drauf, wie er heißt, der Apfel, mit Vornamen: Boskop, Döskop … Und die Äpfel mit dem Aufkleber, die machen auch einen guten Eindruck. Das Problem sind die Aufkleber! Kaum knibbelt man sie ab, kleben sie am Finger weiter. So was von anhänglich sind die! Bis ich da mal eine Lösung gefunden hatte.

Ich bin also in der Küche rumgelaufen und hab gedacht: Wohin mit den Aufklebern? Probiere ein paar Sachen aus und merke: Guck mal da, am wohlsten fühlen die sich auf der Spüle, und zwar direkt am Beckenrand. Und da kleben sie auch besonders gut. Aber irgendwann kam meine Frau in die Küche, ich war gerade oben und da hör ich sie rufen.

„Kommst du bitte mal! Wir müssen uns etwas anschauen!“ –

Wenn ich schon diesen Ärzte-Plural höre …

Also das ginge gar nicht, sagt sie, diese Aufkleber auf der Spüle, das sei für sie nicht zumutbar, das Geknibbel da noch zusätzlich zum ganzen Haushalt. Sie hätte schon genug zu knibbeln mit den Kindern. Also da müsste ich mich jetzt entscheiden, entweder die Aufkleber oder siiieee!

Puh, hab ich gedacht. Und das alles vor den Aufklebern! Was sollten denn die Nachbar-Äpfel denken? Die Aufkleber oder sie. Also ich sehe da keine Konkurrenz!

„Sicher wäre das schön mit den Aufklebern ganz allein“, erkläre ich zerknirscht, „aber langfristig entscheide ich mich für dich!“

„Ich will versuchen, die Aufkleber in Zukunft in den Müll zu schnicken.“

Aber das mit dem Schnicken, das ging gar nicht gut. Dabei sind mir die Aufkleber hinter die Schränke geflogen, einer sogar hinter den Mülleimer! Hinter dem Mülleimer, das ist bei uns eine besonders unangenehme Stelle. Eine Naturstelle! Völlig unberührt. Da ist noch kein Lappen vorgedrungen in diese Gegend. Ich glaube, da wächst auch was hoch … naja.

Komm, hab ich gesagt, in Gottes Namen, dann streifst du ihn halt ab – am Eimer. Wenn der Müllbeutel frisch ist, dann kann man ihn auch mal abstreifen. Und gerade wollte ich ihn abstreifen, da hatte ich zwei Aufkleber am Finger. Hatte wohl schon einer am Müllbeutel gewartet.

So, jetzt musst du aufpassen, hab ich gedacht, und beim nächsten Apfel den Aufkleber einfach mitgegessen. Ist mir doch egal, ob da noch ein Aufkleber dabei ist. Man isst so viel! Merkt doch kein Mensch. Von wegen. Sofort habe ich Verstopfung bekommen. Ist ja auch nicht der Sinn von einem Apfel, dass man Verstopfung bekommt, oder?

Es muss doch eine Lösung geben!

Beim nächsten habe ich den Aufkleber mit einem Messer rausgeschnitten. Als wär's eine faule Stelle! Und dann ab in den Bio-Müll, Schale nach unten, damit man den Aufkleber nicht sieht!

Dann haben mir die von der Müll-Trennung geschrieben. Sie hätten da einen Aufkleber gefunden, das ließe sich mühelos zurückverfolgen, da wären noch Fingerabdrücke drauf. Also das ginge auf keinen Fall, nur Bio ... Und außerdem sei die Stelle gar nicht faul gewesen, was denn bei uns los sei.

Jetzt musst du raffiniert sein, hab ich gedacht. Also, meine Lösung sieht im Moment so aus: Ich schlage den Apfel an der Seite mit dem Aufkleber gegen den Türrahmen, bis er faul ist. Stunden später kann ich die Stelle rausschneiden, das faulgeschlagene Stück schick ich den Bio-Fuzzis von der Trennung. Für meine Frau habe ich Aufkleber-Attrappen anfertigen lassen, die ich – vor ihren Augen – in den gelben Sack schnicke.

Ja, man muss eben auch nicht aus allem ein Problem machen!

Sitzung, Stehung, Gehung und Liegung!

P**scht! Bitte lesen** Sie diesen Artikel nur im Kopf. Ich brauche absolute Ruhe. Mir geht's heut Morgen nicht so gut. Ich bin schon mit einem Tusch im Kopf aufgewacht. Aua. Ich überlege die ganze Zeit, ob ich ein Aspirin nehmen soll. Aber das schlägt so auf den Magen. Vielleicht doch lieber ein Ibotri ... ibotra ... ach, da weiß ich nie die letzten Silben. Vorhin hab ich mich im Spiegel gesehen. Da hab ich gedacht: Was diese Kampagne in wenigen Wochen aus einem Menschen machen kann! – Und ich bin erst seit drei Tagen richtig dabei. Es würde mich nicht wundern, wenn ich mir ein Sängerknötchen geholt hätte.

Das war nicht Fastnacht gestern, das war Fastmorgen! – Der kam gut, oder? Schade, dass ich nicht lachen kann. Isch kann nit lache, isch bin frisch operiert!

Ich weiß nicht nur nicht mehr, wie spät es war. Ich weiß gar nicht mehr, *dass* ich weg war! Obwohl ich ganz viele Fotos vom Taxifahrer auf dem Telefon hatte. Und diesen Ring Fleischwurst, den hätte ich vielleicht doch nicht mit ins Auto nehmen sollen.

Ein alter Fastnachter hat mir mal gesagt: „Was du bis Rosenmontag nicht getrunken hast, das schaffst du auch bis Aschermittwoch nicht mehr!"

Ich sitze mit zittrigen Händen am Frühstückstisch. Vielleicht ganz vorsichtig einen Kaffee trinken. Meine Frau ist schon zum Einkaufen gefahren. Die Kinder sitzen am Tisch, als ob sie auf mich aufpassen sollen. Sie blicken skeptisch, fast scheint es, als seien sie besorgt. Ich versuche, mir nichts anmerken zu lassen und reime ein bisschen: „Die Kinner räume heude ab, sonst gibt's was uff die Narrekapp!"

Jetzt schlägt die Sorge auf den Gesichtern in Mitleid um.

„Aus euch werden keine ordentlichen Fastnachter", knödelte ich mit dem Sängerknötchen.

Meine Kinder verkleiden sich modern, sie gehen als Bananen, Sushi oder W-LAN.

In meinem Kopf hat irgendjemand ein Messer stecken lassen. Ich tue so, als ob ich schon was essen könnte und versuche das nächtliche Puzzle zusammen zu setzen. Wo war eigentlich mein Kostüm?

Ich war doch mit einem Scheichkostüm losgegangen. Die Erinnerung kehrt langsam zurück.

Mein Sohn schaut mich mit forschendem Blick an.

„Papa, draußen liegt ein weißes Laken im Beet." „Aha", sage ich und verstecke mich hinter dem Sportteil der Zeitung.

So ein Mist. Als Gardist wäre das nicht passiert. Aber die müssen noch die vielen Knöpfe aufmachen vor dem Schlafengehen. Ich möchte nicht mit mir tauschen. Mein Kopf tut weh. Mein Bauch tut weh. Mein Bein tut auch weh. Ich muss irgendwie hingefallen sein. Aber wann und wo? Vielleicht ins Beet? Schade, dass ich niemanden fragen kann, denn ich weiß leider nicht, mit wem ich unterwegs war.

Ich gehe zum Briefkasten, da steht ein Nachbar und bemerkt, dass ich hinke. „Ritz am Boh?" fragt er mich feixend. –

„Heile Gänsje", erwidere ich und will schon weiter. Da kommt er näher und grölt mir ins Ohr: „VON HINTEN AN DIE SCHULTER ...!" Aua. Genau die Stelle, wo das Messer steckt ...

Ich drehe ab und hinke ins Haus zurück. Jetzt tut wieder alles weh. Laufung geht nicht. Stehung ist auch nicht drin. Sitzung ... nö! Ich brauche erstmal eine Liegung!

Morgen muss ich wieder fit sein. Der heimliche Rosenmontagszug ist der Finther Sonntagszug. Da werfen sie sogar Aspirin, habe ich mir sagen lassen. Vielleicht gehe ich als Arzt, da könnte ich das Bettlaken nochmal verwenden.

Woher nehmen Frauen die Kraft für das Fest?

A**n Weihnachten mache** ich es wie die Kinder: Am liebsten sitze ich rum und warte. Meine Frau hat keine Zeit für mich. Sie ist beschäftigt. Auf Hochtouren. Sie selbst spricht auch von „Hochsaison"! Sie fühlt sich für alles verantwortlich und zuständig. Das gefällt mir. Ich sitze nur rum, bleibe aber auf standby. Es ist eindrucksvoll, wie sie das alles macht. Wie sie diese großen Sterne an der Decke befestigt und dabei gleichzeitig noch ein Weihnachtslied summt!

Was sie wohl antreibt, denke ich. Woher nimmt sie die Kraft, den Willen, um diese enormen Dekorationsarbeiten zu bewältigen? Tag für Tag, Stunde um Stunde hat sie seit Mitte November an diesem Gesamtkunstwerk gearbeitet. Stern um Stern, Hirte um Hirte, Engel um Engel aus den großen Kartons genommen. Ich bin voller Bewunderung und überlege, wie ich ihr wohl nützlich sein könnte, um sie zu entlasten. Nun, im selben Augenblick hat sie wohl einen ähnlichen Gedanken. Sie steht vor mir und lächelt versonnen.

„Holst du bitte den Baum rein, ich bin soweit." –

Ihre Augen haben diesen heiligen Glanz. Sie strahlen wie aus einer anderen Welt. In diesem Zustand würde sie notfalls auch alleine feiern. Ich darf sie jetzt nicht enttäuschen. Bloß keine Krise, keinen Streit!

Unser Baum steht draußen, schon seit Wochen. Er ist nass, verblüffend schwer und überhaupt nicht griffig. Ich wuchte ihn auf der Schulter ins Haus, meine Hände sind sofort verharzt und ein paar Nadeln fallen mir in den Nacken. Meine Frau lässt sich mehrere Positionen zeigen. Ich bin schon sehr erhitzt von der ungewohnten Anstrengung.

„Er muss gerade stehen!" bemerkt sie spitz.

Wie kann ich ihren hohen Ansprüchen gerecht werden? Behutsam dehnt sie die Äste, um die ersten Kerzenhalter einzuklemmen.

Wenn er wieder trocken ist, dann brennt er sehr leicht, denke ich und reiche ihr die Schmuckware an. Jetzt muss noch eine Weihnachtsdecke unter den Ständer, damit der Boden nicht durch Wachsflecken ruiniert wird. Sie bringt die Decke, ich rutsche vorauseilend unter den Baum, versuche die tonnenschwere Nordmann-Tanne hochzubocken und gleichzeitig die blöde Decke unter den unhandlichen Ständer zu schieben.

Leise rieseln die Nadeln. Still und starr ruht mein Gesicht. Irgendwas ist mir ins Auge gefallen. Es brennt. Ich muss reiben, vorher den Baum ablassen. Dabei stürzt ein größerer Metall-Engel und schrappt an meiner linken Wange vorbei.

Die Flügelspitze bohrt sich ins Fleisch. „Warum assistiert mir hier keiner?" brülle ich und reiße mit dem linken Unterschenkel die gesamte Krippensituation um.

„Ganz ruhig, reg dich nicht auf! Ich bin da!"

Sie kommt mit einem neuen Karton. Das kann nicht der Sinn von Weihnachten sein, dass überall Dinge herumstehen, die so leicht umfallen. Ich schwitze, der Baum schwankt. Er kann auch nicht mehr.

Meine Frau hängt einen besonders großen Holzengel vor mein Gesicht, sie kommt ganz nah an mich heran und flüstert sanft: „Du siehst blass aus, hoffentlich wirst du mir nicht krank!"

Wieso soll ich dir krank werden, denke ich. Sieht sie nur den Angestellten einer Großschmückerei in mir? Es kann ja nicht jeder so professionell mit Weihnachten umgehen wie eine Frau!

Der Baum steht und sie fragt: „Wie findest du ihn?"

Ich will kein Risiko eingehen und sage: „Braaap!" Das ist zwar nur ein Geräusch, aber es klingt zustimmend. Ich habe eigentlich keine Zeit mehr für diesen Firlefanz. Der Rotwein muss entkorkt werden! Er muss atmen. Ich muss auch mal einen Schluck probieren. Ich kenne viele Männer, die erst anfangen zu trinken, wenn es dunkel ist. Wie schaffen die das bloß? Woher nehmen sie die Kraft?

Mühsam ernährt sich das Finanz-Eichhörnchen

Heute Morgen hatte ich einen furchtbaren Traum: Jens Beutel kam an mein Bett und wollte eine Schnarch-Grundsteuer S erheben! Mit Hebesatz, Säumniszuschlag und allen Schikanen. Hinter ihm standen zwei riesige Polypen, einer sah aus wie Rainer Laub. Da hab ich aufgeschrien und bin schweißgebadet aufgewacht! Puh! Aber das Allerschlimmste war, dass ich meine Frau geweckt hatte durch die Schreierei. Sie war aber auch ziemlich gerädert. Wir haben dann aus dem Fenster geguckt. Draußen war alles weiß.

„Und wie hast du geschlafen?" frage ich.

„Ich hab vom Staatstheater geträumt", flüstert meine Frau. Das Ballett sei eingespart worden und auf der Bühne hätten nur noch Günter Beck und ein Männerballett mit ganz dicken Beinen getanzt. Bei aller Liebe, hat sie gesagt, aber das ginge zu weit.

Dann sind wir aufgestanden und ganz leise die Treppe runter gegangen, damit uns die Kinder nicht hören und wir in Ruhe frühstücken können. Im Garten konnte man ein Eichhörnchen beobachten, das munter durch die Bäume sprang. Traumwandlerisch, unglaublich geschickt.

„Schau dir das an", sagt meine frisch verträumte Frau, „wie leichtfüßig die sind. Wie Balletttänzer!"

„Ja", hab ich gegrummelt, „die sind auch nicht so hoch verschuldet wie die Stadt. Die haben ihre Nahrung im Sommer gesammelt. Die holen sich die Nüsse und vergraben sie, merken sich, wo sie liegen und dann greifen sie in schlechten Zeiten darauf zurück. Eichhörnchen haben auch kein Internet, keine Suchmaschine, die haben einfach ein gutes Gedächtnis. Und müssen keine Steuern bezahlen, noch nicht mal für ihren Kobel in den Bäumen auf unserem Grundstück, für das wir Grundsteuer B bezahlen müssen. Eichhörnchen arbeiten kostenbewusst."

Meine Frau blättert in einem Tierlexikon. Sie hält nichts von Spekulationen. „Das Winterfell ist wesentlich dichter als das Sommerfell", zitiert sie. „Und dann wachsen sogar Haare auf den Füßen, damit die Fußsohlen nicht nackt sind."

„Aha, interessant", merke ich an. „Aber eins haben Eichhörnchen und Mainzer gemeinsam". Mein Tonfall ist schärfer geworden. „Keines der beiden Lebewesen würde eine Wohnung in den Markthäusern beziehen!"

„Was hast du denn immer mit deinen Markthäusern?" Meine Frau sitzt müde, aber sehr attraktiv am Frühstückstisch. Der Traum mit den dicken Beinen macht ihr noch zu schaffen.

„Wie Würste waren diese Beine, wie Fleischwürste ...“, murmelt sie.

Nachdem ich sie mit Erst-Koffein versorgt habe, will sie sich aus Dankbarkeit auch noch zu meiner Eichhörnchen-Theorie äußern.

„Naja“, sagt sie, „Eichhörnchen haben auch Nachteile. Sie können ihre Kinder nicht zum Waldorf-Kindergarten nach Finthen bringen! Und Schneeschippen müssen sie auch nicht. Obwohl sie dazu sicher geeignet wären mit den Fellfußsohlen!“

Bei mir wirkt der Kaffee plötzlich sehr stark. Ich schaue aus dem Fenster und denke laut.

„Ich könnte mir vorstellen, dass man das Eichhörnchen zum Wappentier von Mainz macht. Als eine Art Stadt-Hörnchen – ähnlich wie den Stadtschreiber. Überhaupt bekäme jeder Dezernent am Anfang des Jahres eine bestimmte Anzahl von Nüssen und müsste sie im Stadtgebiet verstecken. Und wer sie nicht mehr findet, der muss in den Markthäusern wohnen. Aber hinten raus!!!“

„Dann kannst du gleich Kängurus einstellen“, ruft meine Frau, während sie die Zeitung reinholt. „Ja“, meine ich, „aber ohne Beutel, damit sie besser hüpfen können, sonst fallen die Akten raus.“

Da kommt das erste Kind zum Frühstück.

„Du bist ein Spinner“, gähnt die Mutter meiner Kinder und blättert die Zeitung auf.

Von Wegwerferinnen und Zwischenablagerern

Heute ist Silvester und ich möchte gerne ein bisschen staatstragend werden. Bereits nächste Woche wird dieses Jahr Geschichte sein. Das sogenannte alte Jahr. Ich fand, es war noch ganz gut in Schuss, das Jahr. Aber das ist typisch; immer wenn etwas beinahe vorbei ist, dann fängt man an, Gefallen daran zu finden. Ähnlich wie bei Beziehungen.

Besonders die sogenannten stillen Tage zwischen den Jahren sind für mich wichtig. Von denen kann ich gar nicht genug bekommen. Die Zeit vor Silvester, das ist für mich die effektivste. Den Keller aufräumen. Die Abstellkammer oder den Schuppen entrümpeln. Mein Arbeitszimmer! Den Schreibtisch. Endlich mal die Festplatte putzen. Die unscharfen Bilder löschen und die überflüssigen Mails in den Papierkorb versenken. Vielleicht auch einfach mal ein paar Adressen verschwinden lassen. Nicht jeder Kontakt weist in die Zukunft. Es kann viel mehr weg, als man glaubt. Und nur die wenigsten Sachen sind wirklich wichtig. Rechnungen etwa, die kann man ruhig wegschmeißen, die kommen immer wieder! – Und was ist mit den Weihnachtsgeschenken? Waren da nicht auch ein paar sehr merkwürdige Dinge dabei? Macht es wirklich Sinn, diese gutgemeinten Katastrophen aufzubewahren? Für wen und vor allem wo?

Nein, weg damit. Gerade jetzt, im alten Jahr muss man den Mut haben zur letzten Konsequenz. Meine Frau, zum Beispiel, die kann das. Die kann wegwerfen! Und wie die das kann! Die wirft weg, dass es eine Freude ist!

Wir bewundern sie dafür, aber wir fürchten sie auch deswegen. Denn es kann jeden von uns treffen. Jeden Tag, zu jeder Zeit! – Plötzlich steht sie im Zimmer, sieht sich um und genau so schnell sind die Dinge in der Mülltonne verschwunden. Manchmal ketten sich unsere Kinder an irgendwelchen Spielpüppchen oder Lego-Kisten fest, und sie fragt gnadenlos: „Brauchst du dieses Buch wirklich noch? Was ist mit diesem Pullover? Kann doch alles weg, oder?“ „Neeeeiiin!“

Meinen Arbeitsbereich konnte ich durch ein Abkommen vom Haushalt abkoppeln. Aber es gibt Grenzverletzungen: Meine Frau lässt beispielsweise gerne schon kurz nach dem Frühstück die Zeitung im Papiermüll verschwinden. Das passt mir gar nicht, denn wer weiß, manchmal kann man den ein oder anderen Beitrag am Mittag noch gebrauchen als Einschlafhilfe.

Oder sie teilt mir den Inhalt an mich adressierter Briefe mehr oder weniger beiläufig mit: „Du, der Bundespräsident hat dir geschrieben, war aber nichts Wichtiges ...“.

Je mehr sie wegschmeißt, desto mehr möchte ich behalten. Kein Wunder, oder? Ich kann natürlich auch wegwerfen, aber erst später, nicht sofort. Ich bin ein Zwischenablagerer, ein Spätwegwerfer. Ein paar Tage lasse ich die Dinge immer liegen, denn wer weiß! Wie oft haben wir schon über der Papiertonne gelegen und Sachen gesucht, die meine Frau schon weggeschmissen hatte!

In letzter Zeit kommt noch etwas dazu, was mich stutzig macht: Es gibt Dinge aus meinem Kopf, die einfach verschwinden. Ich weiß, es ist verwegen, andere dafür verantwortlich zu machen. Aber irgendwer scheint Zugriff auf mein Gedächtnis zu haben. Ich habe mir im Laufe der Zeit eine Unmenge an Kennwörtern, PINs und PUKs eingerichtet, ein hochsensibles Gemisch aus Buchstaben und Zahlen, Kosenamen und Komposita. Es kommt vor, dass ich bei Kartenzahlung den vierstelligen Code meines Telefons, beim Abheben des Telefons einen Kindernamen nenne, weil ich ihn als Kennwort für den Computer verwende. Vielleicht hängt es damit zusammen, dass ich auch die alten Codewörter und Geheimzahlen längst verfallener Kreditkarten aufbewahre.

Ich glaube nicht, dass meine Frau damit etwas zu tun hat. Damit nicht. Aber jetzt muss ich Schluss machen, ich will den Postboten abfangen.

Der Besuch der Kanzlerin

Man kann es sich kaum vorstellen. Während wir heute arglos in unserer Lieblingszeitung blättern, die Kinder ihre Schulfreiheit genießen, mit Micky-Mouse-Fachliteratur und kleinen umweltfreundlichen Leselampen noch in ihren Betten kuscheln, streckt und räkelt sich – nur wenige hundert Meter entfernt – in einem der Dr.-Lothar-Becker-Wellness-Betten im spätrömisch dekadenten „Atrium"-Hotel eine der mächtigsten Frauen der Welt.

Angela Merkel hat ihren Rimowa-International-Business-Bundeskostüm-Koffer lässig auf die Couch geworfen in der 80-Quadratmeter-Suite mit Wohn- und Regierungsbereich sowie zwei Bädern mit insgesamt fünf Dr.-Lothar-Becker-Gesundheits-Badewannen. 500 Angestellte huschen durch den Flur, allzeit bereit, die so genannte „Becker-Rolle" auszufüllen. Nichts lieber, als der promovierten Frau mit der vorteilhaften Frisur über dem systematisch arbeitenden Gehirn jeden Wunsch von den regierenden Lippen abzulesen. Grimmige Sicherheitsbeamte – durchtrainierte Mittzwanziger aus Mecklenburg-Vorpommern – begutachten jede Kartoffel, die das Hotel durch den Hintereingang betritt.

Drinnen im Regierungs-Penthouse springen die Original Dr.-Lothar-Becker-Spargel-Lamellen auf und geben den Blick frei auf den Internationalen Flughafen Mainz-Layenhof. Die Kanzlerin – nur mit einem hauchdünnen Koalitions-Negligé (mit drei Knöpfen) bekleidet – setzt sich auf und ihr Blick schweift über die knorrigen Obstplantagen. Anmutig galoppiert ein Teenager über den Übungsplatz. Von ferne zwinkert ein Großraumflugzeug mit den Landeklappen und setzt zum Landeanflug auf Bretzenheim an.

Es ist spät geworden am Freitagabend im CDU-Bundesvorstand. Es war ein hartes Stück Arbeit für Dr. Andrea Litzenburger, Hans-Georg Schönig und Dr. Walter Konrad, aber um 1.15 Uhr zeigte die Kanzlerin ungewohnte Beschlussfreude und hat die Autobahnausfahrt Mainz-Sertoriusring durchgewunken.

Es muss gegen 1.28 Uhr gewesen sein, als Eva „Padberg" Eppard * unter dem Jubel von Wolfgang „Süßer" Kauder mit einem Dr.-Lothar-Becker-Überraschungs-Sorbet Standing Ovations auslöst. Beifall brandet auf, als der baden-württembergische Atom-Beauftragte Stefan „21" Mappus ** wenige

Minuten später das verwendete Eigelb als „unbedenklich“ einstuft. Peter Müller *** stimmt noch ein Volkspartei-Lied an und dann bedeutet die Kanzlerin den Delegierten mit einem Kopfnicken: Schlafenszeit!

Es geht doch nichts über eine richtig schöne Klausurtagung im Wildbad Finthen!

Und was machen die Ureinwohner dieses tapferen Wohnortes in diesen historischen Tagen? Same procedure as every Staatsbesuch: Wie jeden Vormittag kurven Dutzende von Zweit- und Drittwagen mit frisch frisierten Kultur-Frauen durch das komplizierte Einbahnstraßen-System, um ein noch komplizierteres Blumengesteck beim Diplom-Blumen-Ingenieur in Auftrag zu geben. Die Landwirte zwirbeln ein paar Äste von den Bäumen, einige haben listig die Ackerfußboden-Heizung angeworfen, denn im März beginnt der Wettlauf um den frühesten Spargel. Vor den Grundschulen haben die ersten Mütter eingeparkt, um ihren Kindern die Turnbeutel und Pausenbrote nachzutragen. Irgendwo füllt sich eine Baulücke, ein Wohnhaus entsteht, um in Kürze einer waldorfnahen Familie unbeschwerte Zeiten zu gewährleisten. Ach, wenn jetzt noch die Glocken läuten und der evangelisch-sympathische Pfarrer Scheuba durch den geschmackvollen Anbau blinzelt, dann weiß ich: Hier bin ich daheim!

Und noch etwas, liebe Dorfbewohner der Weltstadt Finthen: Nirgendwo ist es so sicher wie in Mainz-Finthen. Niemals wird ein Hochwasser bis zum Katzenberg vordringen! Niemals wird der Aubach die Drachenwiese überschwemmen! Ist das nicht beruhigend in diesen Zeiten abschmelzender Schneehaufen und Schokoladentafeln? Ein wunderschönes Wochenende wünsche ich allen Mainzerinnen und Mainzern und besuchen Sie Finthen: Es lohnt sich! Nicht nur zur Merkel-Zeit!

---

* *Sie kocht inzwischen ganz wunderbar in ihrem eigenen Restaurant auf der Kupferberg-Terrasse!*

** *Er wurde inzwischen von baden-württembergischen Wählerinnen und Wählern unschädlich gemacht!*

*** *Er hat inzwischen als Verfassungsrichter Karriere gemacht und das Saarland einer Frau mit Doppelnamen überlassen.*

Ein Anhänger des heiligen BAM

Ich freue mich heute schon auf den Sonntag. Denn der Sonntag ist noch ein bisschen leiser als der Samstag. Am liebsten sind mir ja diese ganz stillen Sonntage. Im Schlafanzug! – Das einzige Geräusch, woran mir wirklich sehr viel liegt, wenn ich aufwache, ist das Läuten der Kirchenglocken. Es gibt zwei Glocken, die da am Sonntagmorgen gegeneinander schlagen. Die eine macht BIM und wird gefolgt vom BAM.

Das BIM erinnert mich an den Papst. Auf dem Chefsessel, dem heiligsten aller Stühle in Rom, sitzt ein streng erzogener und deshalb auch streng erziehender Kirchenvorsteher. Der Sohn eines Gendarmeriemeisters und einer Köchin hat ein helles Stimmchen, das sich diszipliniert, manchmal fast flehend an die Weltgemeinde richtet, als riefe es seinen Schäfchen zu: „Wer mir gläubig, fleißig und demütig erscheint, dem geschieht nichts. Aber wehe denen, die von mir Reformen erwarten. Rom ist chronisch-historisch-statisch – und so bleibt es auch!"

Wenn ich das BAM höre, dann muss ich an Karl Kardinal Lehmann denken. Ein Mann, der nun schon so lange in Mainz für den Weltfrieden sorgt. Ein Mann, der der Welt immer aufgeschlossen war. Ein Lehmann eben. Ein BAM im besten Sinne. Konservativ, natürlich, aber eben nicht weltfremd, sondern fast volkstümlich. Der Bischof von Mainz, den man in dieser Stadt als stillen und standhaften Rebellen Roms wahrnehmen konnte. Ein Geschenk des Lebens!

BAM steht für den Bürgerbischof, der warmherzig auf der Seite der Gläubigen steht, der dank seines Mitgefühls die Bedürfnisse der Menschen über den christlichen Glauben hinaus erkannt hat und mit ihnen teilt. Ein Mensch, der sich wohl fühlt unter Menschen. Der auf Menschen zugehen kann und sich auch dem Fußballgott verpflichtet fühlt. Für den die Welt nicht entrückt, sondern fassbar und alltäglich ist. BAM steht für den „Bischof des Heiligen Stuhls von Mainz".

Lehmann und Ratzinger – Purpur und weiße Soutane. Wenn man will, kann man die Unterschiede zwischen diesen beiden Männern schon im Klang des Namens heraushören. Wenn man sich den bürgerlichen Namen des Papstes „Ratzinger" auf der Zunge zergehen lässt, dann kratzt es ein wenig im Hals. Sein BIM steht für Übung und Disziplin. Mit großer Energie und mit energischem Willen verwaltet der Papst seine 1,1 Milliarden Clubmitglieder. Papa-Mobil – ein Widerspruch in sich! Der Papst meidet den Vorwärtsgang, er steht lieber auf der Bremse oder parkt rückwärts ein.

Aber genug davon! Jetzt werfen wir einen Blick in das Bischöfliche Ordinariat, den Arbeitsplatz von Karl Kardinal Lehmann. Der Abend dämmert und auf dem bischöflichen Sekretär steht ein schwerer Rotwein (Bordeaux oder Priorat?), ein bauchiges Glas. Da sitzt ein Mann, der seinen Rücktritt anbieten muss, weil es so in seinem Arbeitsvertrag steht.

Um es kurz zu machen: Ich gönne jedem 75jährigen, dass er seinen Ruhestand genießt. Aber ich gönne unserem Kardinal auch eine eigene Entscheidung. Und ich möchte ihm zuraten, seine gute Amtszeit zu verlängern. Wenn ich also beim Frühstück das BIM höre, dann warte ich einen Moment und spreche nur das BAM mit. Und dann nehme ich mir die Freiheit heraus, das BIM mit einem BAM zu übertönen. Und ich rufe zum Geläut: BAM-BAM! Ich glaube fest an das BAM in unserer Stadt. Hoffentlich bleibt es uns noch lange erhalten! BIM – BAM – BUM.

---

* *Diese Kolumne geht auf den 75. Geburtstag von Karl Kardinal Lehmann zurück, das ist das Datum, an dem man als Kardinal dem Papst seinen Rücktritt anbieten kann.*

Dieser Stadt muss geholfen werden!

Meine Damen und Herren, liebe Kinder, ich darf Ihnen und euch heute Morgen mitteilen, dass ich soeben zwei stadtnahe Unternehmen gegründet habe. Diese Unternehmen tragen den Namen „Lenkung Ausbaufähiger Umfangreicher Bildungsanstrengungen für Bedürftige", kurz: LAUBB * und die „Beseitigung Älterer Unverhältnismäßig Teurer Träger Liegenschaften", kurz BÄUTTL*.

Ziel dieser Unternehmen ist es, unsere Stadt in die Zukunft hinein zu führen. Das Unternehmen LAUBB ist zunächst ausschließlich damit beschäftigt, sich mit maroden Kindergärten und Schulen und deren Personal und Ausstattung zu beschäftigen. Schon in den nächsten Tagen werden wir mit Schulhof-Gestaltungs-Experten aus aller Welt die Schulen von Mainz begehen und den Bedarf ermitteln, damit die Bauarbeiten bereits vor dem Frühling beginnen können. Der Schulhof des Frauenlob-Gymnasiums erhält bis zur Reparatur der Schneeräumfahrzeuge eine Fußbodenheizung!

Einsturzgefährdete Gebäude wie marode Lehrkörper werden im Schnellverfahren entkernt, saniert und pensioniert (50 % der Bezüge).

Alle Schulen erhalten eine funktionstüchtige Turnhalle mit menschenwürdigen Umkleidekabinen und Duschen. Schwimmen wird wieder Volkssport, denn am Mombacher Sand wird eine Allwetter-Großkuppel-Badeanstalt (Sommer- und Winternutzung) mit abgetrennten Kruzifix- und Burkini-Bereichen und Unterwasser-W-LAN errichtet.

Der nächste Schritt ist die gezielte Veränderung und Verbesserung des Stadtbildes, betrifft also den Unternehmenszweig BÄUTTL. Von mir aus kann das sogenannte „Ensemble" der fünf hässlichen Klötze in der sog. Berliner Siedlung komplett abgesägt werden. Und bitte die Bonifazius-Türme am Bahnhof nicht vergessen. Die Markthäuser werden vollständig entkernt, besser geplant, hochwertiger verarbeitet und mit großzügigen Balkonen versehen. Also praktisch Abriss, nochmal alles von vorne, zweiter Versuch!

Das Staatstheater wird zurückgebaut auf den Stand und das geschmackvolle Erscheinungsbild von vor 1910 (vorne rund und oben mit Sternwarte). In jeder Theaterpause wird es genügend Brezeln geben für alle Zuschauer. Das sogenannte „Kleine Haus" wird für Kongresse und Fastnachtsveranstaltungen umgebaut, damit es nicht so oft leersteht!

Kommen wir jetzt zum Rathaus. Das völlig marode und unsanierbare Rathaus wird vernünftigerweise abgerissen. Es entsteht ein neuer, lichter und bürgerfreundlicher Bau mit einer prachtvollen Standesamt-Kulisse direkt am Rhein, natürlich mit angeschlossenem Spitzenrestaurant („Zum Ehehafen", „Restaurant Frauenlob" oder so ähnlich).

Die auf Popcorn-Bechern und Cola-Flaschen gegründete Primitiv-Kulisse des Cinestar wird ebenfalls weggesprengt zugunsten einer freien Theater-, Kunst- und Musikszene, die sich in der erweiterten Neutorschule ausbreiten darf. Kinotreffpunkt wird dann das Fort Malakoff, denn es steht sowieso fast leer.

Das gesamte Rheinufer zwischen Hyatt und Feldbergplatz wird als gastronomische und freizeitorientierte Fläche genutzt. Dieser Plan muss übrigens bereits schon existieren, denn nur so kann man sich die leerstehenden Tiefgaragen erklären.

Apropos Infrastruktur: Zu einem angenehmen, menschenfreundlichen Erscheinungsbild gehört natürlich auch die teilweise Verlegung und Gesamtuntertunnelung der A 60 und eine Flugroutenänderung über Bretzenheim, Laubenheim, Hechtsheim etc. Klar, um das hinzukriegen, muss Frankfurt nach links versetzt werden, damit Platz ist für die Umsiedlung von Darmstadt und Aschaffenburg. Offenbach halte ich in großen Teilen für verzichtbar.

Eventuell müssen wir auch ans Klima ran, denn so viel kalte Winter – hallo? – das geht gar nicht! Eine Woche schulfrei für alle!!! Und frei Parken, Du-kommst-aus-dem-Gefängnis-frei-Karte ... Ach so, und dass die Straßenbahn dann bis Stadecken-Elsheim fährt, das hab ich Ihnen schon gesagt, oder? Und eins noch: Dies ist keine Bewerbung für das Amt des Oberbürgermeisters. Ich danke Ihnen für die Aufmerksamkeit und wünsche allseits eine gute Wochenendplanung.

** Ähnlichkeiten mit ehemaligen Oberbürgermeistern und Wohnbau-Geschäftsführern sind rein zufällig.*

Der Frühstücks-Diktator

Gestern Nacht hab ich geträumt, ich wäre ein Alleinherrscher. Ich herrschte so vor mich hin und wurde plötzlich von einer Kinderstimme geweckt:

„Aufwachen, Papa. Wir frühstücken! Los, komm!"

So gern ich auch mal ausschlafe, umso lieber frühstücke ich mit der ganzen Familie. Es ist zwar oft anstrengend, aber man trifft sich und wenn die Kinder den Tisch gedeckt haben, dann kann sich ein wunderbares Gespräch entspinnen. Und das macht mich glücklich.

Als ich schließlich schlaftrunken und aufstehgebrechlich runterkam, saß meine Frau bereits wieder allein am Tisch. Der Rest hatte sich offenbar schon verkrümelt. Woher dieser Ausdruck kommt, wurde mir schmerzlich bewusst, als ich mich mit einem Seufzer hinsetzte. Der Tisch, sämtliche Stühle und der Fußboden waren mit Krümeln übersät. Ich rutschte an den am wenigsten verkrümelten Platz und wünschte einen guten Morgen. Der Traum vom Alleinherrscher war mir noch sehr präsent, deshalb wollte ich die Sache gleich mit meiner Frau diskutieren.

„Empfindest du mich als Gewaltherrscher?" flüsterte ich heiser und blickte sie aus halbgeschlossenen, bedrohlichen Augen von der Seite an.

Meine Frau hatte einen Prospekt mit Schuhen in der Hand und blätterte darin. Sie sah mich völlig verständnislos an. Vielleicht hatte ich sie mit diesem Vorstoß überrascht. Man träumt ja nicht immer dasselbe. Also formulierte ich um.

„Ich meine, ob ich Eigenschaften habe, die auch ein Diktator haben könnte ..." Sie blieb ganz ruhig, hob eine ziemlich große Tasse Kaffee an, nahm einen Schluck und dachte lange nach.

Dann sagte sie: „Du schmatzt manchmal."

Ich straffte meinen Körper und fasste nach: „Bin ich in deinen Augen ein Tyrann?" Jetzt stellte sie die Tasse wieder ab. „Was soll das? Ich muss gleich den Jungen zum Handball fahren ... Natürlich hast du auch tyrannische Züge."

Aha, dachte ich, jetzt auf einmal. Man muss nur nachfragen, dann kommt so einiges ans Licht. Tyrannische Züge, also bitte, das könnt ihr haben. Jetzt hatte meine Stimme einen bedrohlichen Unterton: „Ich könnte dich begünstigen ..." flüsterte ich konspirativ. „Wenn du mir die Butter aus dem Kühlschrank holst."

Ein sportlich gekleidetes Kind tauchte in Jacke und Schuhen auf und meine Frau war offensichtlich froh, das Thema wechseln zu können.

„Hast du alles? Rucksack, T-Shirt und Turnschuhe?"

Mit dumpfem Gesichtsausdruck drückte ich den Tetra-Pack-Orangensaft ein. In Ägypten fragen die Frauen bestimmt immer nach, ob ihre Männer alles haben. Soweit ich weiß, ziehen sie sich dann auch zurück während des Frühstücks, damit der Patriarch in Ruhe die Zeitung durchblättern kann. Lasen die Ägypter nicht sogar von rechts nach links?

„Wir müssen los, bis später", hörte ich noch und dann fiel die Tür ins Schloss.

Stille.

Mit größtmöglicher Brutalität zerriss ich ein Croissant.

Einen Moment lang war ich Alleinherrscher, aber ohne Volk.

Nach wenigen Minuten tauchte ein weiteres Kind auf und schlenderte in die Küche. „Bringst du mir bitte die Butter mit", sagte ich bestimmt und mit einer Stimme, die keinen Widerspruch duldete.

Aber das Kind war nicht richtig gehorsam. „Was krieg ich dafür?"

Verdammt, warum untergruben alle meine Autorität?

„Wenn du mir noch'n Kaffee machst, 20 Cent."

Man muss auch als Diktator Kompromisse eingehen. Vor allem aber muss man die Verbündeten schmieren. Butter und Kaffee kamen und wurden neben mich gestellt.

„Geld?"

Ich drückte die 20 Cent ab und dachte: Jetzt bist du ein tyrannischer und korrupter Diktator. Es war Zeit für einen Rücktritt vom Amt. Und das unterscheidet mich von den Mubaraks, Gaddafis und Assads. Es fällt mir überhaupt nicht schwer. Ich bin einfach nochmal hoch und hab mich wieder ins Bett gelegt.

Schicksalsjahre in Mainz

Die ganze Woche beschäftigt mich der Zweiteiler, der am vergangenen Sonntag und Montag im ZDF gezeigt wurde: „Schicksalsjahre" mit Maria Furtwängler. Waren Sie auch unter den acht Millionen Zuschauern? Eine Lebensgeschichte des früheren Regierungssprechers Uwe-Carsten Heye, in der er die Irrungen und Wirrungen seiner Mutter im Zweiten Weltkrieg und danach beschreibt.

Die junge Ursula heiratet mitten im Krieg gegen den Willen ihrer Mutter den Sänger Wolfgang Heye. Eine Art Kleinkünstler. Für mich also kollegiale Pflicht, am Fernseher zu sitzen.

Der Anfang lässt mich noch kalt: Was für eine Schmonzette! Rosamunde Pilcher lässt grüßen. Die Furtwängler im Sepia-Antik-Look, die Handlung auf einem historischen Streicherteppich, auf dem Knopps Guido mühelos noch „Hitlers Schlafgewohnheiten" hätte herausarbeiten können. Ursula und Wolfgang haben zwei Kinder. Der Sänger zieht als Deserteur in den Krieg. Ursula soll sich schämen und wird zur Scheidung gezwungen. So war das damals! Der Krieg. Die Niederlage. Wolfgang wird für tot erklärt. Ursula weint in Rostock. Die Kinder Bärbel und Uwe müssen raus aus dem krankhaften Kommunisten-Regime der SBZ, das den Nazi-Pullover nur auf links gewendet hatte.

Die Furtwängler kämpft – mit Rehblick und Löwenmähne. Ich weiß nicht, ob die Musik schuld daran war, aber plötzlich saß ich mit nassen Augen vor dem Flachbildschirm. Was für eine Tragödie! Wie furchtbar!!

Die Rolle der Kirche – na ja. Einflussreich, aber bedingt hilfsbereit, möchte man sagen. Ach Gott, am Ende waren die beiden Kinder in Mainz und eine kurze Szene in der zerstörten Altstadt, ein Schatten vom Dom im Hintergrund genügte, um mich endgültig dahin zu raffen. Der Film hat mich wahnsinnig berührt.

War es die ansteckende Lebenslust der Opernsängerin Nora (Dorka Gryllus) und ihrer Mainzer Theaterfreunde? War es die langsam verwelkende Schönheit, mit der Maria Furtwängler minimalistisch durch ihr zerschossenes Leben stapft?

Oder die vielen Zigaretten, die in diesem Film geraucht wurden! So eine enorme Rauchentwicklung gab's zuletzt nur bei Erik Ode im „Kommissar". Wenn ich nicht am Vorabend so viel Rotwein getrunken hätte, dann wäre das der Zeitpunkt gewesen, eine Zigarre anzustecken.

Und wie sah unsere Stadt im Film aus? – Wenn der Begriff nicht anderweitig verwendet würde, dann könnte man von einem „Burn-out" sprechen. Aber selbst die Filmstudio-Trümmer ließen erahnen, wie schön Mainz gewesen sein muss.

Und wie schön es heute sein könnte, wenn man die zerstörten Häuser einfach nur wieder aufgebaut hätte. Heile, heile Gänsje. Und man könnte sich fragen, warum sich eine Stadt wie Mainz heute, nach all den Jahrzehnten dicken und fetten Wachstums und Wohlstands, so heillos verschulden konnte!

Maria Furtwängler hat es viel schwerer als ein Oberbürgermeister: Sie kämpft gegen Hunger, Russen und Behörden. Zwischen Mutter und unfreiwilliger Lesbe, müder Arbeitsbiene und cholerischer Frauenrechtlerin. Schließlich setzt sich das Familien-Puzzle im Nachkriegsdeutschland wieder zusammen: Auf der einen Seite die traumatisierten Heimkehrer, auf der anderen Seite die ewig Wendigen und Geschmeidigen, die sich überall einrichten können.

Und immer wieder Furtwängler. Und die Streicher! Jetzt biegt der tränenblinde Streifen in die Schlusskurve. Ursula Heye erfährt, dass Wolfgang lebt.

Es folgt die Wiederbegegnung in Stuttgart. Oh Gott, wie schrecklich muss es sein, wenn man seinen Mann wiedersieht, der einem durch die langjährige Abwesenheit so fremd geworden ist.

Das Lieben und das Singen, das kann man nicht erzwingen. Er ist wieder verheiratet. Er dachte, sie sei tot. Die Kinder sind groß. Alles fremdelt.

Als die Furtwängler ihm das Hochzeitsalbum von damals überreicht, muss ich fast heulen. Eine zerbombte Liebe! Die totale Kapitulation: Verlust von Leben, Liebe und Leidenschaft. Frauen, deren Flitterwochen aus einem kleinen Stadtbummel bestanden. Von der Braut zur Witwe. Vielleicht die treusorgendste Großmutter-Generation, die wir je hatten!

Wie mutig sie alle waren, immer wieder aufzustehen und nach vorne zu schauen. Zu lachen und zu feiern und sich zu verkleiden.

Was muss es für ein tolles Gefühl sein, diese Stadt wieder aufgebaut zu haben. Wie stolz können diejenigen sein, die geholfen haben!

Ein herzlicher Gruß geht nach Gonsenheim an die kleine Bärbel (Bonewitz) und an ihren Mann Herbert, die Fastnachtslegende! –

Mein Gott, was geht's uns gut!

Blitzen für Kitzen

Noch drei Mal schlafen, dann werden die stadtnahen, mobilen Blitz-Geräte installiert. Kennen Sie eigentlich das Gefühl, wenn man geblitzt wird? Diese überraschende, heiße Lichtdusche auf offener Strecke. Das Rotlicht, das man durch die Windschutzscheibe auf dem Gesicht spürt. Dieses Gefühl, ertappt worden zu sein. Blitzen ist männlich! Ich kenne keine Frau, die Punkte sammelt in Flensburg. Frauen sammeln Herzchen! Aber sie fahren im 3. Gang an. Das wird natürlich nirgendwo erfasst! Wir Männer müssen Jagen fahren, und ein echter, einsamer Autobahn-Wolf darf sich natürlich durch einen Blitz nicht von der Fahrbahn abbringen lassen.

In jedem Fall empfiehlt sich ein Flensburg-Quickpoint-Check: Abzug der Toleranz, momentaner Punktestand, Punkte in der sogenannten Beiliegefrist, in der Überlappung. Zahnbürste dabei für den offenen Vollzug in der nächsten Fahrschule? Wenn's richtig eng wird, bleibt da immer noch der überregional tätige Fachanwalt: „Ach, der XP 200 T3! Den können wir anfechten und das Verfahren bis zu Ihrer Pensionierung verschleppen." – Jawoll, so wird's gemacht!

Bitte verstehen Sie mich nicht falsch. Ich gehöre nicht zu den Leuten, die schon seit Jahren nur mit Baseball-Kappe und schwarzer Sonnenbrille ins Auto steigen und den Kragen hochschlagen. Ich lege nach wie vor Wert darauf, dass ich auch im Auto von engen Freunden erkannt werde. Aber natürlich kann man sich fragen, was eine so verkehrsberuhigte, durch Staus und Behinderungen gedrosselte Verkehrsoase wie Mainz dazu treibt, brave Bürger mit mobilen Blitzkisten zu tyrannisieren! Da drängt sich doch der Verdacht auf, dass die Stadt eine Sondereinnahme verbuchen möchte.

Die Kollegen in Bielefeld blitzen 200 000 Autos im Jahr mit einem durchschnittlichen Gewinn von 12 Millionen Euro. Davon könnte man bequem ein kleines Staatstheater finanzieren. Oder? Dafür will ich gerne meinen Beitrag leisten.

Wenn meine Blitz-Abgabe gut angelegt würde, zum Beispiel für eine Sporthalle in Finthen, eine Autobahnabfahrt „Sertoriusring" oder eine Flugabwehr über Bretzenheim, dann wäre ich dazu bereit, mich alle paar Wochen bewusst den mobilen Fahndern zu stellen beziehungsweise ihnen „entgegen zu kommen". Warum nicht ein paar „Drängler" einsetzen, die hinter einem herfahren und ständig aufblenden bis zum Shooting. Wenn ich irgendwas tun kann für die Schlossrenovierung, für's Gutenberg-Museum, dann blitzt mich! Schießt mich ab nach allen Verkehrsregeln der Kunst. Bitte mit Widmung: „Diese Fassade am Schloss haben wir der rasanten Stadtfahrt von Herrn R. zu verdanken!" oder „Auf dem Weg zum Wochenmarkt: 75 statt 50! Das Schloss sagt Danke!" Was ist mit einer Sonntags-Rallye auf dem Autobahn-Ring zugunsten eines neuen Rathauses? Wär ich sofort dabei! Oder aber eine freiwillige Radar-Plakette für den Erhalt des Gonsenheimer Wildparks mit Motto: „Ich lass mich blitzen für Wildschwein und Kitzen!"

Was spricht gegen größere Verkehrsverstoß-Pakete: „Flash-Driving" stadteinwärts, dann „Wrong-Parking" mit „Final Abschlepping". Macht zusammen 500 Euro als „Oster-Paket"! Und bitte nicht vergessen: Auch wenn keiner anruft, immer das Handy ans Ohr halten!!! Für den guten Zweck!

Auch unsere Narrenschar sollte die Radar-Kampagne besser nutzen: Eine Art Schwellkopf-Falle. Das würde bedeuten, man fährt maskiert bis zur Blitzgelegenheit, löst dann aber die Maske, damit ein gutes Bild gewährleistet ist und fährt mit dickem Hals davon.

Warum nutzen wir eigentlich den ständigen Überflug von Mainz nicht für Verkehrsdrohnen, die das Stadtgebiet abscannen? Meine Güte! Und dann nicht nur die Kindergärten beitragsfrei machen, sondern auch noch die Altersheime. Nix wie los – allzeit gute Fahrt!

Vom Fasten und den Ausnahmen

Ich wollte neulich gerade in ein frisches Croissant reinbeißen, da ruft meine Frau: „Tu das nicht, es ist Fastenzeit!“

Ja, hab ich gedacht, na toll. Gerade jetzt, wo ich mir die Mühe gemacht habe, vom Bäcker eine riesige Tüte mit frischen Sachen zu kaufen, da ist plötzlich Fastenzeit.

Sowas muss man mir gleich nach dem Aufstehen sagen. Oder besser noch am Abend vorher. Dann hätte ich doch ganz anders gegessen!

„Zu spät ...“, mümmele ich, nachdem ich mir hastig etwa die Hälfte des Horns in den Mund geschoben habe.

„Das kann ich meinem Bauch nicht mehr vermitteln!“

Gerade in der Fastenzeit hab ich einen besonders guten Appetit. Vielleicht liegt's am Frühling, dem Erwachen der Triebe, aber es ist auch nur schwer einzusehen: Die Natur erwärmt sich, die Knospen springen auf, die Vögel zwitschern und schnäbeln.

Warum muss der Mensch da auf die Bremse treten? Man muss auf seinen Körper hören. Und mein Körper raunt mir zu: „Lass dir's schmecken! Ich krieg das schon verdaut ...“

Meine Frau zieht den Brötchenkorb ein wenig zur Seite.

„Fasten läutert“, flüstert sie, die ihr Gewicht seit ungefähr 25 Jahren konstant hält. Die Kinder haben riesige Schoko-Croissants vor den Gesichtern hängen und krümeln lustvoll die ganze Bude voll. Sie beobachten uns.

„Ich kann nicht und ich will nicht fasten!“ Immer diese Spielverderber am Tisch.

„Fasten muss nicht zwangsläufig mit einem Weniger an Essen einhergehen“, doziere ich. „Man kann auch Liebgewonnenes einfach mal weglassen.“ Ich könnte mir zum Beispiel vorstellen, mal statt Schoko-Croissant ein Nuss-Hörnchen zu essen, denke ich.

Meine Frau bleibt skeptisch. „Mach mal ein Beispiel, bitte.“

Ähm, ähm, na das von eben wird sie mir nicht abnehmen. Vor allem muss ich mal kurz in das Backwerk reinbeißen, sonst läuft der Speichel aus meinem Mund heraus.

„Man könnte Wanderfasten machen, es gibt Schwimmfasten ...“, murmele ich, während sich große Teile des Croissants zu meiner ersten Befriedigung in der Magengrube absenken.

Ein großer Milchkaffee hilft mir, die Rückstände im Mund aufzusaugen und herunterzuspülen. Jetzt geht's an die Sesambrötchen, juhu. Sirup, das ist meine

Welt, stelle ich still und zufrieden fest, während der Goldsaft über die Butter fließt. Mmm, lecker! Jetzt kann Ostern kommen!! Wo ist eigentlich die Erdbeermarmelade, die muss ich auch mal fasten äh kosten.

Langsam lässt der Weißmehl-Jagdtrieb nach. Ein leichtes Sättigungsgefühl erlaubt mir, das Gespräch wieder aufzunehmen.

„Ähm, ... man muss gar nicht immer essen ..." Ich greife nach dem O-Saft.

„Eins ist klar", schiebt meine Frau nach, „du bist ein Fastenbrecher." Klingt ja fast so, als ob ich in einem Supermarkt eingebrochen hätte. Die Kinder betrachten uns neugierig, aber noch unentschieden. Man kann ihnen nicht so schnell etwas vormachen.

Mein Blick fällt auf ein Bild in der Zeitung. Man sieht mehrere Männer, die einen riesigen Scheck hochhalten. Alle lächeln zufrieden.

„Da, seht euch das an. Sieht etwa unser Kardinal so aus, als ob er ständig fasten würde?"

Die Kinder schauen auf das Bild und schütteln die Köpfe, überall fallen Krümel aus den Mundwinkeln.

Mit Genuss betrachte ich das weltoffene und satte Gesicht seiner Eminenz. Das Bild verschafft mir eine Atempause, die ich nutze, um mir ein dickes Nutella-Brot zu schmieren.

„Stellt euch vor, es gäbe jetzt bis Ostern nur Nutoka statt Nutella ...", setze ich nach und habe die Kinder endgültig auf meiner Seite.

„Du musst wissen, was du machst", bemerkt meine Frau spitz und wirft einen süffisanten Blick auf meinen ballonartigen XXXL-Schlafanzug aus Nikki.

Jetzt hole ich erstmal noch einen Kaffee. Dann ein Rhabarber-Vanille-Joghurt (Halleluja!) und dann würde ich gerne mal den Mohn-Laugenzopf im Zusammenspiel mit Butter und Sirup testen (zum Niederknien!). Der Bauch spannt, aber Nikki ist geduldig. Wenn man in dieser Familie überleben will, dann braucht man ein dickes Fell. Ich kann gar nicht anders als genießen!

Nach dem Frühstück bin ich locker, gut gelaunt und offen für eine Diskussion. Eine Fastenzeit könne ich mir natürlich vorstellen, erkläre ich generös. Vielleicht im Sommer. Aber eben mit Unterbrechungen. Ich ziehe mich jetzt an. Der Metzger wartet.

Einen Braten wird man sich am Wochenende ja wohl noch gönnen können.

Wer wird denn gleich in die Luft gehen

Ich kann nur hoffen, dass heute alles besser wird. Gestern Nacht bin ich nämlich aufgewacht, weil ein riesiges Flugzeug über unser Haus geflogen ist. Wie Donnerhall! Ein affenartiger Lärm. Und ich konnte dann nicht wieder einschlafen. Aber das war nur die Spitze, der Abschluss eines unglaublich schlechten Tages.

Wer gibt denn diesem Flugzeug die Erlaubnis, mitten in der Nacht einen Angriff über Finthen zu fliegen?

Es gibt doch keinen sinnvollen Grund, so tief über ein Wohngebiet zu donnern, oder? Ist es vielleicht für die Fluggesellschaft billiger vorne rum als hinten über den Feldern einzudrehen? Was denken sich eigentlich die Fluglotsen dabei, wenn sie uns die Flugzeuge um diese Zeit durch die Betten schicken? Eine Frechheit ist das! Meinetwegen soll das Flugzeug aus Übersee auch nachts landen können, aber im Gleitflug! Finthen kommt doch nicht überraschend, diesen Ort gibt es seit über 2000 Jahren!!!

Plötzlich kam mir noch in den Sinn, dass der Fluglotse einen Deal hat mit der Fluggesellschaft und die sich das Geld für die Kerosin-Einsparung geteilt haben. So ein Mist, hab ich gedacht. Wenn ich wenigstens oben drin säße! Ein Finther im Himmel! Aber nein, wahrscheinlich hat sich Beton-Roland Koch in der First Class herumgefläzt, gemeinsam mit einem Geschäftspartner aus Saudi-Arabien, dem er mal zeigen wollte, wie die schönen Häuser in Finthen aus der Nähe aussehen. Weil Hessen um diese Zeit schon komplett abgedunkelt ist.

Seit Jahren guckt sich die ganze Welt Bretzenheim an, aber was haben die Bretzenheimer davon? Lärm! So eine verdammt laute Stadt haben wir und der Protest* ist mir noch viel zu schwach! Wenn ich schon die Politiker höre, wie sie jetzt im Wahlkampf einen auf Wutbürger machen. Wer hat sich denn gekümmert, wenn es um den Fluglärm ging? Die meisten Sitzungen wurden verschlafen und ansonsten regiert die Ohnmacht. Kein Wunder, dass wir so viel Fleischwurst brauchen, sonst frisst einen der Ärger noch auf.

Mainz könnte wesentlich leiser sein. Was soll denn bitte die popelige Tunnellösung in Hechtsheim? Auch andere Vororte möchten die Autobahn unter die Erde gelegt bekommen. Oder erwartet der Mittelstand etwa, dass sich die Vororte unter die Erde zurückziehen, damit die Wirtschaftswege noch unbehinderter sind?

Wer will denn da noch wohnen, direkt an der Autobahn? Entweder man sonnt sich in der Einflugschneise oder es röhrt der Autohirsch.

Kommt noch dazu die Lärmbelästigung aus der Nachbarschaft! Der Nachbar mit dem Laubbläser, der 40 Blätter über fünf Stunden vor sich hertreibt. Wenn eine Geige am offenen Fenster spielt, dann kommt die Polizei, aber der Laubbläser bleibt straffrei, ein Skandal! So, und als ob der Tag nicht schlecht genug gewesen wäre, trete ich gestern Abend auch noch in einen Hundehaufen! Und zwar auf dem viel zu schmalen Gehweg einer Hauptverkehrsader des Vorortes, der mir sehr viel bedeutet. Diese Hundehaufen, die geben mir den Rest. Die Tragödie dieser Haufen besteht darin, dass sowohl Herrchen als auch Hund offensichtlich an Bewegungsmangel leiden. Wie sonst ließe es sich erklären, dass der Hund schon nach zwei Metern Spazierweg völlig unkontrolliert einen Haufen auf den Gehweg sacken lässt! Es fehlt, dass das Herrchen auch noch einen draufsetzt. Igitt!

Jetzt reicht's. Ich schließe jetzt Fenster und Türen, lege die Zeitung links neben mich und fange an zu lesen. Und wehe, da ist irgendwo ein Hund abgebildet oder ein Flugzeug ... Dann zieh ich um nach Wiesbaden, ins dekadente Nerotal!

**Inzwischen hat er sich in eine breite Bürgerbewegung verwandelt. Weiter so!*

Der Hosenkauf

Das Schöne an einer Ehe ist doch, dass man sich immer gegenseitig hilft. Auch in den Situationen zusammenhält, wenn es für den anderen mal eng wird. Oder? Ist doch so. So kam es vor einiger Zeit, dass wir gemeinsam in die Stadt fuhren, weil ich eine neue Hose brauchte. Bei mir ist das so: Wenn ich eine Hose kaufe, dann ist für mich das Klima ganz wichtig. Das Verkaufsklima! Ich hab's immer gerne diskret. Vielleicht bin ich da auch ein bisschen empfindlich, weil ich alle paar Jahre eine andere Hosengröße habe. Als ich 16 Jahre alt war, hatte ich noch 28. Heute bin ich bei 56. Eine unaufhaltsame Entwicklung. Vielleicht liegt's auch an der Umstellung auf den Euro.

Gut, meine Frau und ich, wir hatten also eine Hose ausgewählt und ich sollte sie anprobieren. Auf dem Weg in die Kabine rief sie quer durch die Abteilung.

„Hoffentlich passt die auch!“ Ich hätte eigentlich vorgewarnt sein können. Ich zog meine alte Hose aus und war gerade im Begriff, in die neue einzusteigen, da riss sie plötzlich den Schutzvorhang zur Seite und stieß einen spitzen Schrei aus.

„Oh je, die passt nicht, da kommst du nicht rein!“

Ihr Blick fiel auf meinen halb entblößten Körper.

„Du hast zugelegt!“ sagte sie, ohne Rücksicht auf meine Gefühle, denn neben ihr stand die Verkäuferin. Eine Frau, die ich eigentlich peu à peu ins Vertrauen ziehen wollte. Diese steckte jetzt auch sehr neugierig ihren Kopf in die Kabine.

„Ja, er ist ...“, bestätigte sie fachmännisch grinsend, „ ...gut genährt!“

Merkwürdig, dass beide über meinen Körper sprachen, als ob ich gar nicht selbst anwesend wäre. Wie alte Freundinnen liefen sie kichernd los, um neue Hosen zu holen.

Sicherheitshalber zog ich den Vorhang zu und die alte Hose wieder an. Die nächste Hose kam und diesmal wartete ich mit der Anprobe bis sich die beiden entfernt hatten. Auch diese Hose war sehr eng ausgeliefert worden und ich musste den Bauch stark einziehen.

„Nun komm mal raus, mach nicht so ein Geheimnis um deinen Körper“, hörte ich eine mir wohlbekannte Stimme aus der Ferne rufen und als ich den Vorhang zur Seite schob, hatte sich vor der Kabine eine Gruppe von erfahrenen Frauen gebildet, deren Meinung meine Frau offenbar in die Entscheidung mit einbeziehen wollte. Ich war bereits ziemlich verschwitzt vom Anprobieren und bekam wenig Luft. Die Hose war sehr knapp und ich fühlte mich wie gequetscht.

„Was meinen Sie?“ wandte sie sich an die gaffende Runde.

„Fünf Kilo zuviel ...“, murmelte eine von den Frauen.

Ich wurde knallrot.

„Wenn das hinkommt“, plauderte meine Frau drauflos.

„Er ist auch von Haus aus ziemlich kräftig.“

„Von Natur aus!“ rief eine Frau aus größerer Entfernung und zwei ältere, auffällig schlanke Mittfünfzigerinnen brachen in ein gesundes Gelächter aus.

„Kannst du mir jetzt bitte mal eine passende Hose bringen?“ flüsterte ich.

„Und bitte schick die Leute weg. Das hier ist nur eine Sache zwischen dir und mir!“

Ich war sauer. Meine Frau entfernte sich und dann geschah einen Moment gar nichts. Plötzlich gab es eine Durchsage aus dem Kaufhaus-Lautsprecher.

„Die Sondergröße aus dem Lager für Herrn Reichow, bitte zur Kabine vier!“

Einen Moment später wurden mir zwei übergroße, schwarze Röhren hineingereicht.

„Bitte rauskommen. Wir warten!“ hörte ich meine Frau fröhlich sagen.

„Jeden Abend geht er an den Kühlschrank und stopft sich noch irgendetwas rein. Kein Wunder, dass er so dick ist. Eine Reiskur würde ihm gut tun!“

Ich lugte durch den Vorhangschlitz. Eine Gruppe asiatischer Touristen tuschelte aufgeregt. Einige fotografierten mich. Ich zog meine alte Hose wieder an und ging wortlos in die Süßigkeiten-Abteilung.

Als wir später in Richtung Parkhaus liefen, regnete es. Ein kalter Wind zog durch die Fußgängerzone. Ich sagte lange nichts. Irgendwann brach sie das Schweigen und murmelte: „Du stellst dich aber auch an ...“

Ich biss mir auf die Zunge. Es war Spätherbst, der Wintereinbruch stand kurz bevor. Das sind Zeiten, in denen man zusammenhält. Wir haben dann übrigens noch eine schöne Cordhose gefunden: Stretch!

Die Gesischtä saache alles – Wahlkampf im Frühjahr 2011

Noch einmal schlafen und dann wird gewählt. Die Plakate sehen nicht alle gleich gut aus. Mein Lieblingsplakat ist immer noch ... Aber vielleicht können Sie das ja er-AHNEN. Vier Spitzenkandidaten hat jede Partei aufgestellt und die will ich heute nochmal mit Ihnen durcharbeiten. Dafür habe ich einen kleinen Kandidaten-Check gemacht.

Fangen wir mal an mit den bedrohten Arten. Da wäre zu nennen Herbert Mertin. Mertin gehört zweifellos zu den großen Entdeckungen der Liberalen, die noch nicht entdeckt worden sind. Die Abneigung zum eigenen Bundesvorsitzenden teilt er mit dem Bundesaufschwungsminister. Rainer Brüderle wiederum ist sogar auf Kamikaze-Kurs. Er möchte, dass das Ergebnis der FDP so schlecht wird, dass Westerwelle zurücktreten muss. Ein gefährliches Spiel, aber es sieht so aus, als ob alles gut geht. Der Vollbart Herbert Mertins ist übrigens im Barrique ausgebaut.

Ganz anders die Spitzenkandidatin der CDU, Julia Klöckner. Julia ist eine ungewöhnliche Frau. Eine konservative Blume, eine katholische Knospe mit praller-lebensfroher Erscheinung. Die gelernte Königin hat nach ihrem Weißwein-Praktikum enorm aufgeholt. Zuletzt galt sie in Berlin als „Merkels Mädchen"! Leider gibt's immer wieder Ärger im Haus der CDU-Familie. Einige haben schon Stubenarrest bekommen, bereiten aber weiterhin Un-BILLEN. Andere pflegen sehr teure Hobbies im Vergnügungsbereich. Julia ist jung, fruchtig, toll im Abgang! Trink- und Regierungsreife, würde ich sagen, 2025!

Daniel Köbler von den Grünen ist – wie der Beiname „von den Grünen" schon sagt, ziemlich jung, aber wie so viele Studenten schon ewig am Kopieren äh Promovieren. In seinem Gesicht steckt viel erneuerbare Energie, aber auch eine enorme Subventionsbereitschaft. Ihn kann man sich auch gut auf einem Fahrrad vorstellen.

Köbler ist rhetorisch auf dem Stand eines späten Walter Jens, emotional auf einer Linie mit Claudia Roth. Was ihm fehlt, ist Lebenserfahrung. Und Berufserfahrung.

Wenn ich richtig informiert bin, hat er vor ungefähr 10 Jahren bei einem Babyausstatter gejobbt ... Ich bin nicht sicher, ob das schon reicht, um Malu Dreyer abzulösen, aber vielleicht kann er ihr auch erstmal zur Hand gehen.
Last not least the Godfather of Rhineland-Palz, Kurt Beck.

Im politischen Gehege von Rheinland-Pfalz hat der König der sozialdemokratischen Löwen ein Alleinstellungsmerkmal.

Kurt Beck ist eine sympathische Mischung aus Balu, dem Bären und Mecki!

Er ist der einzige Politiker Europas, der über eine fast vollständige Nacken- und Backenbehaarung verfügt. Obwohl er gelegentlich tapsig wirkt, vereinigt er in sich die geistige Beweglichkeit eines Fuchses mit der Gelenkigkeit einer funktionstüchtigen Achterbahn.

Kurt Beck kann ganz schön böse werden, aber im Grunde will er nur spielen.

Zwei verfilzte Stellen hat er im Fell, da kann man die Haut durchsehen: Die eine Verletzung hat er sich auf einer Party in der Eifel zugezogen, zu der keiner kam.

An der anderen Stelle hat er sich verbrannt, als er mal für 7 Mio. Euro in der Pfalz übernachtet hat in einem Schlosshotel.

Schwamm drüber. Kurt Beck – trotzdem ein Mann, der der SPD auch über die Grenzen von Rheinland-Pfalz hinaus sehr gut ansteht.

Soweit meine Einschätzung, falls mich jemand gefragt hätte. Ich wünsche uns allen unabhängig vom Wahlausgang ein ausgeglichenes Wochenende. Gott schütze Rheinland-Pfalz!

---

* *Kurt Beck hat im Dezember 2012 – auch aus gesundheitlichen Gründen – alle Ämter abgegeben, außer dem des ZDF-Verwaltungsratsvorsitzenden. Bei aller Kritik möchte ich an dieser Stelle mal festhalten, dass er über viele Jahre unser Land Rheinland-Pfalz enorm vorwärts gebracht hat. Fehler machen alle, unabhängig von der Parteifarbe. Zweifellos leiden viele Politiker darunter, dass sie im Abgang nicht so stark sind wie im Aufstieg.*

Es ist peinlich!

Haben Sie gut geschlafen? Ist das nicht herrlich, dieses Frühlingswetter. Wie die Natur sich jetzt eindrucksvoll zurückmeldet, die Bäume ausschlagen. Alles neu! Frische Blätter, frische Blüten und neue Triebe. Ein schönes Bild war das, als ich neulich ganz früh morgens hinten über den Lerchenberg gefahren bin. Durch den Wald. Ein Traum! Kein Wunder, dass der Hausmeister den Wahlsonntag verschlafen hat.

Und dann bin ich an Drais vorbei gehuscht, ein Blütenmeer und mittendrin – eine große stattliche Turnhalle. Bravo, hab ich gedacht, was für ein Glück für die 3000 Draiser Einwohner. So eine schöne, prachtvolle Sporthalle! Und dann fiel mir ein, dass ja in Drais auch der ehemalige Baudezernent Norbert Schüler wohnt. Ja, an dieser Halle konnte man sehen, was für eine Erfahrung der Mann mit dem Bau von Turnhallen hatte.

Ich bog nach links ab Richtung Finthen und auf der Bergkuppe, am neuen Friedhof fuhr ich rechts ran, stellte den Motor ab und dachte nach. Hatte nicht Herr Schüler, als er noch im Dienst war, irgendwann auch mal den Finthern eine Sporthalle versprochen? Doch, hatte er. Er stand da und hat gerufen: „Die Sporthalle in Finthen is sischä! Morgen geht's los. Dann rollen die Bagger an!" – Tosender Applaus, grenzenloser Jubel. Ähnlich wie bei der Maueröffnung. Die Finther waren begeistert.

Tja, und dann kam doch alles anders: Die Bagger sind zur Wohnbau gefahren und haben da ein Finanzloch von gigantischem Ausmaß ausgehoben. Da hätte man mühelos mehrere Sporthallen reinschmeißen können in dieses Loch. Und im Finanzloch der Wohnbau wurde dann die schöne, neue Finther Sporthalle begraben. Ich ließ den Motor an und fuhr hinunter nach Finthen. Am Katzenberg überlegte ich: Hier leben 13.000 Einwohner, die sich auch heute noch freuen würden auf eine Sporthalle, Herr Schüler. Und Finther brauchen eine besonders gute Körperbeherrschung. Weil sie auf den Gehwegen so oft den Hundehaufen ausweichen müssen!

Liebe Leser, ich bin jetzt nicht mehr am Tatort Gymnasium Oberstadt vorbeigefahren, wo die Baukosten vielleicht doppelt so hoch sein werden wie von Herrn S. aus D. damals veranschlagt. Ich war auch nicht mehr in der „Alten Patrone", deren kostspielige Sanierung (inklusive Luxusrestaurant) so grandios gescheitert ist. Und ich habe auch Rainer Laub nicht mehr zu Hause in seinem sicher komfortablen Wohnbauwerk besucht. Ich möchte auch niemandem diesen wunderschönen Samstag versauen.

Aber wo steht eigentlich, dass wir alle für diese wenigen Versager, die ihren Job nicht richtig gelernt haben oder ihn einem Elferrat verdanken, dass wir immer alle die öffentliche Hand hinhalten müssen? Und wo steht denn, dass unsere Kinder in alten stinkigen Turnhallen oder überteuerten, verpilzten Hallenbädern herumflitzen müssen, weil ein paar alte verfressene Säcke jeden Tag stundenlang an gedeckten Restaurant-Tischen und zu selten an ihren Schreibtischen gesessen haben?

Und ich halte übrigens die Idee, da Blitzkisten aufzustellen, wo man Geld damit verdienen kann und nicht dort, wo man durch Verwarnung Leben retten könnte, für wenig bürgerfreundlich. Viel lieber wäre mir eine Pfändung des Vermögens und eine Kürzung der fetten Rente derjenigen, die der Allgemeinheit nachweislich geschadet haben. So wie ich die ewige Anhebung der Grundsteuer auf Eigentum langsam für eine Frechheit halte. Warum soll ich doppelt bezahlen für den Erwerb eines Grundstückes, bei dem die Überflugsrechte schon lange an die Fraport verscherbelt wurden?

Und mir steigt die Wut mitten ins Gesicht, wenn ich mir vorstelle, dass andere Städte wegen ihrer Besonnenheit schuldenfrei sind und nachhaltig in ihre künftige Generation investieren können. Man sollte auf jeden maroden Schulhof, in jede vergammelte Turnhallenwand die Köpfe derjenigen einmeißeln, die das Geld für Förderung, Sanierung und Neubauten verbrannt haben.

Unser Lärm ist leiser

Für mich ist das Wochenende erreicht, wenn ich am Samstagvormittag beim Frühstück sitze mit einer druckfrischen Zeitung. Es ist mir auch wichtig, dass die Zeitung in etwa in ihrer vom Verlag vorgesehenen Schichtung erhalten geblieben ist. Weiterhin liegt mir daran, dass auf den Seiten – und da beziehe ich auch die Sportseiten mit ein –, dass dort keine Marmeladen- oder Honigflecken vorzufinden sind. Auch wenn der Sportverein noch so klein ist, und noch so unentschieden gespielt wurde, das rechtfertigt in meinen Augen noch nicht, dass man mit dem Finger auf dem Tabellenplatz kleben bleibt.

Es ist 10.30 Uhr. Ich bin glücklich, ausgeschlafen, es ist herrliches Wetter. Mit ein paar frischen Brötchenhälften und einer riesigen Tasse Kaffee sitze ich auf der Terrasse. Der Bademantel umspielt meine Beine, auf die Lesebrille habe ich mir noch eine Sonnenbrille gestülpt. Ich sitze, lege ein Bein auf den Stuhl und glaube einen Augenblick daran, alles im Leben richtig gemacht zu haben.

Plötzlich setzt ein furchtbares Geräusch ein. Ich kenne es genau, es ist eine Säge, die mit einem menschen- und morgenverachtenden Geräusch davon lebt, Fliesen zu zerschneiden. Ein Geräusch, das ins Gewerbegebiet gehört! Ich bin verzweifelt. Wozu eine Nachtruhe, wenn der Tag so laut beginnt? Der Kaffee zittert in meiner Hand. Eine Brötchenhälfte ist mir auf den Bademantel gerutscht und hat dabei die Panorama-Seite gestreift.

Wer kann das sein, frage ich mich, der ganz bewusst gewartet hat, bis ich hier so gemütlich sitze, um dann im selben Moment, in dem mein Glück den Höhepunkt erreicht hat, einen solchen kriegerischen Lärm zu entfachen? Es ist nicht das erste Mal, dass mir das passiert. Es scheint, ich bin von Neidern umgeben, die alle schlecht schlafen und nur auf den Augenblick warten, bis sie ihre erschöpften und übernächtigten Körper in irgendeinen Schuppen oder Hobbykeller schleppen, um den Motor einer Säge, einer Schleifmaschine oder eine Heckenschere aufheulen zu lassen. Menschen, die ihre Zufriedenheit daraus schöpfen, dass sie uns – den Glücklichen auf Filzpantoffeln – die schönste Zeit des Jahres und des Samstagvormittages zerschießen.

Warum ruft diese Menschen keiner an am Samstagvormittag und hält sie durch stundenlanges, sinnloses Geschwätz von der „Arbeit“ ab. Es sind immer die Gleichen, die ihre Gärten mit Entlausungsmitteln vollpumpen, damit unter den Büschen auch kein Insekt mehr in Ruhe frühstücken kann. Die Vögel soll-

ten sich beschweren, einen kollektiven Klecks auf die Köpfe dieser Naturverächter machen.
Wozu hat man ihnen die Möglichkeit gegeben, einen Garten hinterm Haus zu erwerben, wenn sie die Natur im Grunde ihres lauten, mörderischen Herzens eigentlich beseitigen wollen mit Sägen, Kärchern, Spritzmitteln ...?

Meine Frau betritt die Terrasse. Sie ist – wie so oft – schon viel früher aufgestanden und hat sich einen kleinen Arbeitsvorsprung verschafft, an den sie mich zu gegebener Zeit erinnern wird. Ich forme ein „Guten Morgen" mit den Lippen, ein akustisches Signal würde im Lärm auf der Terrasse untergehen.

Ich rolle die Augen in Richtung Fliesenschneider und erhoffe mir eine Solidaritätsgrimasse.

Aber sie wiegelt ab. „Denk doch daran, wie laut es bei uns neulich war, als sie unsere Terrasse gefliest haben", schreit sie durch die kriegerischen Geräuschketten. Ich nehme einen Schluck von dem durch den Lärm schneller als sonst erkalteten Kaffee und fixiere einen Pflanzenkübel. Ja, bei uns kann es auch laut werden. Aber dieser Lärm ist anders. Er war – wie soll ich sagen – er steht mir näher. Wenn eine Fliese nicht passt, dann muss sie eben zugeschnitten werden. Anders geht's nicht.

Ein Brötchen kann auch Lärm machen, wenn man ordentlich reinbeißt. Ja, wir sind auch laut, rufe ich. Aber unser Lärm ist leiser! Ich stehe auf und brülle in Richtung Nachbar: „Schönes Wochenende!"

Wiesbaden und das Frühstücksei

Ein Frühstück am Samstag, das ist bei uns immer verbunden mit der Frage: Wer möchte ein Ei?

„Ich!“ rufen alle im Chor. Dann wird die Gesamtzahl der gewünschten Eier zusammen gerechnet und diese Eier werden gekocht. Jeder bekommt maximal ein Ei. Und so ein Ei zum Frühstück, das ist nicht ganz ungefährlich. Ich meine jetzt nicht das Cholesterin. Nein, mir geht es – wie so oft – um die Hygiene. Kinder können noch nicht so richtig mit einem Ei umgehen. Sie wissen nicht, wie man die Schale vom Inneren trennt. Aber sie wollen es unbedingt „alleine“ machen. Und das hat bei uns dazu geführt, dass viele Jahre unter dem Tisch Eierreste lagen und auf dem Tisch halb angelöffelte Eier in Bechern standen. Ein furchtbarer Anblick. Manchmal suppte auch noch Eigelb auf die Tischoberfläche oder die Kleidung. Wehe, wenn das Ganze antrocknet ...

Wir saßen also beim Frühstück, jeder hatte ein Ei und einen Becher vor sich stehen und ich dachte, der Moment sei gekommen für ein politisches Gespräch.

„Stellt euch vor“, hob ich an, „so ein Ei wurde auf den Bundespräsidenten geworfen!“ Noch bevor die Kinder reagieren konnten, ergänze ich:

„Und zwar in Wiesbaden.“

Das Wort „Wiesbaden“ löste eine gewisse Unruhe aus. Die Kinder tuschelten. Ich glaubte sogar eine gewisse Herablassung in ihren Gesichtern zu erkennen. Wiesbaden gilt in Mainzer Kindeskreisen als doof. Erst im Jugendalter wird diese Stadt cool, weil man sie mit der S-Bahn erreichen kann. Und weil es so viele Sitzgelegenheiten in Wiesbaden gibt.

Ich will natürlich, dass unsere Kinder ohne Vorurteile aufwachsen! Dass sie eines Tages mit dem Bus oder der S-Bahn, meinetwegen auch mit dem Taxi nach Wiesbaden oder Frankfurt fahren können. Vielleicht sogar jemanden dort kennenlernen. Ohne Angst. Ohne Bauchschmerzen.

Aber gleichzeitig will ich, dass meine Kinder Mainzer werden. Patrioten! Deshalb kam ich jetzt zu meiner zentralen These.

„In Mainz wäre ein Eierwurf auf einen Präsidenten * undenkbar!“

Meine Frau rollte mit den Augen und versenkte sich in eine Modebeilage. Es schien mir, als ob alle außer mir zu wenig geschlafen hätten. Niemand wollte mit mir diskutieren.

„Der Eierwurf von Wiesbaden“ – bei uns zuhause hat er kaum Spuren hinterlassen.

Ich will mich nicht aufdrängen. Aber für mich steht fest: Der Bundespräsident kommt lieber nach Mainz als nach Wiesbaden. Das spüre ich. Auf jeden Fall würde in Mainz niemand auf die Idee kommen, ein Ei auf Christian Wulff zu werfen. Im Gegenteil! Hier würde er mit einem Ring Fleischwurst überrascht. Oder einem Präsentkorb mit Finther Obst und Spargel!

Aber doch nicht ein rohes Ei! Haben Sie gesehen, was das für eine Sauerei war auf den schicken Anzügen? Winzige Eigelb-Spritzer können schon nach wenigen Minuten einen ganzen Staatsbesuch vermasseln. Und Volker Bouffier hat auch was abbekommen. Wenn ich richtig gesehen habe, flog sogar das erste Ei in Richtung Bouffier. So was macht man nicht. Ein Ei ist keine Lösung!

Obwohl faule Eier und Volker Bouffier ganz gut zusammen passen. Dieser Typ verspeist sicher drei bis vier Eier zum Frühstück. Und einen unbequemen Steuerbeamten zum Nachtisch!

Aber doch nicht Wulff. „Ich möchte den Kontakt zu den Bürgern haben. Das setzt voraus, dass man auch einmal von einem Ei getroffen wird." Das hat er hinterher gesagt.

Naja, vielleicht stand er da noch unter Schock, aber in Mainz ist das keine Voraussetzung. Wulff sucht eben das Abenteuer. Der hat ja auch die Frau mit dem Tatoo geheiratet.

Jetzt wurde es Zeit für mein Frühstücksei. Ich köpfte es mit einem gezielten Messerhieb. Es war sehr weich gekocht und das Eigelb rann über den Becherrand auf den Tisch. Ich brauchte schnell einen Lappen, wollte aber das Thema für die Kinder noch zu einem Abschluss bringen.

„Dass ihr mir nie ein Ei auf einen Wiesbadener werft!" rief ich auf dem Weg zur Spüle.

Ein Hauch von Ostern lag in der Luft.

---

* *Wer konnte damals ahnen, dass der Eierwerfer gar nicht mal so falsch lag?*

Das eigene Nest

Meine Güte, was ist das für ein brutaler Frühlingseinbruch! Der April erreicht nie gekannte Temperaturhöchststände, die Natur quietscht vor Vergnügen, die Vögel zwitschern, als ob sie sich für eine Casting-Show bewerben. Zwischen den Maulwurfhügeln bricht der Rasen hervor, die Stauden explodieren im Schatten der aufbrechenden Knospen. Ein Blütenmeer wabert freihändig über den Feldern, der Spargel sticht, nein er schießt aus der Finther Erdkruste heraus. In Bretzenheim hat man bei Erntearbeiten sogar ein Fußballstadion ausgegraben!

Der Frühling, für viele die Nummer Eins unter den Jahreszeiten, das große Comeback der Natur. Ein Fest des Wachstums und der Erneuerung!

Aber wir gedenken dieser Tage auch jener Menschen, die sich seit Tagen und Wochen kaum mehr aus dem Haus hinaus wagen: Unsere allergischen Freunde, deren Optimismus durch die dunklen, feinstäubigen Pollen-Wolken auf ein Jahrestief gefallen ist. Die Menschen, die sich mit schwerem Medikamenten-Geschütz des Angriffs der Killerpollen erwehren müssen. Die, deren Haut, Nase, Hals und Lunge dem Frühling tapfer entgegen keuchen, schneuzen und schniefen. Gute Besserung!

Wohl dem, der – wie ich – in dieser Zeit nur mit einer bleiernen Müdigkeit zu kämpfen hat. Nie war ich schlapper und glücklicher als in diesen Tagen. Meine Gedanken kreisen um Essen und Trinken. Warum laufen, wenn's auch im Liegen geht!

Ich male mir – noch im Bett liegend – aus, wie ich nach dem Frühstück mit möglichst geringem Aufwand in ein Kinderzimmer oder in die Arme meiner Frau zurücksinken kann. Kurz darauf trifft man sich zur Morgenmahlzeit. Ich bin nicht der Einzige, der kaum den Kopf aufrecht über dem Tisch halten kann. Heute sind alle schwach und müde. Da ist keine Aufbruchstimmung – und das ist gut so. Ich stelle fest, dass die Mehrzahl der Kinder gar nicht erschienen ist. Die Jugendlichen schlafen, als ob sie dafür ein Zeugnis ausgestellt bekämen. Mit dem Rest der Gruppe bleibt es still am Tisch. Man begegnet sich mit halb geschlossenen Lidern, jede kleine Aufforderung, jede Handreichung wird von einem breiten Gähn-Geräusch durchzogen.

Das sind so Tage im Frühling, da schlüpfe ich oft schon lange vor Einbruch der Nacht im Geiste in den Pyjama. Es ist aber auch die Jahreszeit, wo man sich selbst kritische Fragen stellen kann: Ist es wirklich noch zeitgemäß, dass ich selbst zum Frühstück herunterkomme? Wäre es nicht langsam angebracht, dass das Frühstück zu mir ans Bett kommt?

Ich spiele mit dem Gedanken, zusätzliches Personal einzustellen, da fällt mein Blick auf mein Schlafanzugoberteil. In der Nähe des Bauchnabels gibt es eine leichte Vorwölbung unter dem Textil.

Zufrieden nehme ich die Arbeit oberhalb der Tischkante wieder auf. Jetzt zahlt sich der vollständige Verzicht auf eine Fastenzeit aus. Gesetzt den Fall, ich würde ohne Nahrung in Wiesbaden ausgesetzt, ich könnte überleben.

Aber jetzt wird erstmal Ostern gefeiert. Ganz in Ruhe. Mein Körper verbittet sich jede Bewegung. An eine Auferstehung, womöglich an eine Himmelfahrt ist kaum zu denken.

Mit Schrecken denke ich an meine Kindheitstage zurück, als wir gezwungen wurden, an Ostern im Garten herum zu springen, um nach Nestern und einen Schoko-Hasen zu suchen. In meinem Zustand würde ich noch nicht mal bis zur ersten Tanne kommen, ohne auf halber Strecke auf den Rasen zu sinken.

Ich bin aus dem Alter heraus. Ich muss auch nicht mehr suchen. Ich weiß genau, wo ich die Schokoladen-Tafeln, die Weiße Crunch und die Mandel-Nuss, die Noisette, die kleinen Cigarettes Russes und die Nougat-Marzipan-Pralinen versteckt habe. Wichtig ist, dass dieses Versteck niemals von einem Kind entdeckt wird. Denn dieser Geheimvorrat hat mir schon über so manchen Werktag geholfen.

Ostern – von mir aus auch Weihnachten – kann kommen: Ich bin bereit!

Meine Reise mit der Bahn in die Stadt

N**eulich hatte ich** mal große Lust, mit der Straßenbahn in die Innenstadt zu fahren. Ich hab mir also ein Ticket geholt und bin eingestiegen. In Finthen. Denn da ist die Straßenbahn schön ausgeruht und fährt auch erstmal bergab. Eine tolle Strecke, die irgendwie an die schwäbische Alb, wenn nicht an einen Hochalpen-Pass erinnert. Man glaubt gar nicht, dass die Bahn nach wenigen hundert Metern durch ein Tiefdruckgebiet wie Gonsenheim fährt.

Der Niederflurwagen war ziemlich gut besetzt, wie immer mit den verschiedensten Menschen. Einige mit Hut, andere ohne, man unterhielt sich, saß in Gruppen, zu zweit oder allein. Die meisten Fahrgäste allerdings waren sehr beschäftigt. Sie tippten aufgeregt irgendwelche Nachrichten in ihre Handies.

Mir gegenüber zum Beispiel saß ein Mädchen, das gerade eine Nachricht verfasste und ich hatte das Glück, den Bildschirm einsehen zu können.

„Was machst du gerade?“ hatte sie geschrieben und guckte jetzt mit stumpfen Augen aus dem Fenster, wartete auf Antwort. Bestimmt hatte sie diese Frage an eine Freundin geschickt.

Nach fünf Sekunden hupte es kurz und der Bildschirm zeigte an: „Chillen!“ Das Mädchen schien sehr zufrieden mit der Antwort zu sein und erwiderte.

„Bleib geschmeidig!“

Faszinierend, dachte ich, was für ein kleiner Wortschatz ausreicht, um sich so gut zu unterhalten.

„Unn bei dir, was los?“ zeigte der kleine, fummelige Bildschirm an.

Wir fuhren inzwischen durch Gonsenheim und auf der Breiten Straße war schon ziemlich viel los. Die beiden hätten die Bedeutung und Besonderheit des Vorortes Gonsenheim im Rhein-Main-Gebiet erörtern können, die enorme Kaufkraft der Breiten Straße. Stattdessen kam aber nur ein „Ich far in Stadt!“ von meiner Sitznachbarin. Zu ihren Gunsten will ich annehmen, dass sie mit „far“ die englische Übersetzung von „weit“ meinte. Sie trug Turnschuhe, ziemlich enge Jeans, in die sie sich wohl hatte einnähen lassen, ein T-Shirt und eine Jacke.

„Zu dünn“, simste ich mir selbst durch den Kopf, „sie wird sich erkälten.“

Was kann so ein Mädchen mal werden, dachte ich. Irgendwas mit Telefonieren, das könnte ich mir gut vorstellen. Vielleicht könnte sie einen Telefonladen aufmachen. Oder noch spezieller: einen SMS-Laden.

In Gonsenheim stiegen noch ein paar Jugendliche zu und einer von ihnen rief kurz nach dem Einstieg: „Hey Alter, shigg dich, digger, alte Möhre, was geht ab?“ Er hatte ebenfalls ein Handy am Ohr und ihm war wohl nicht bewusst, dass er ziemlich laut sprach.

„Chill mal!“ grunzte der Teenager, der uns schräg gegenüber saß, meinte aber weder mich noch den Shigger, der gerade eingestiegen war.

Wie leicht kann es zu Missverständnissen kommen in so einer Straßenbahn, weil ja alle gerade beschäftigt sind mit Leuten, die nicht da waren, gerade nicht da sind, aber fast jeder hatte einen Kopfhörer auf und immer, wenn mal jemand was von ihnen wollte, war die Antwort etwas zu laut und das Gesicht immer verständnislos.

„Du Arsch, ich sitz in der Bahn!“ tönte es plötzlich direkt hinter mir. Aber ich war nicht gemeint, sondern eben irgendein Arsch, mit dem der junge Mann das Gespräch aufgenommen hatte.

Wir fuhren in Richtung Kaiser-Wilhelm-Ring, da stieg noch ein Mann zu. Er hatte offensichtlich in seinen Anziehsachen geschlafen und ich war gespannt, was er beizutragen hätte. Es dauert nicht lange, bis er einen tiefen Schluck aus seiner Flasche genommen hatte und heftig aufstieß, gleichzeitig aber die Buchstaben „FSV!“ intonierte.

Endlich mal 'ne klare Aussage, dachte ich und nahm mein Handy raus, tippte eine Nummer, die es gar nicht gab und rief ins Telefon.

„Hey alter Keks, verpiss dich!“

Das schien allen Jugendlichen zu gefallen, denn sie unterbrachen ihre „Arbeit“ und grinsten mich an.

Unter hektischem Getippe, Gesims und Gesums, Geschrei, Gehupe und unter ständig wechselnden Klingeltönen fuhren wir in den Hauptbahnhof ein. Der Straßenbahnfahrer wurde ausgetauscht. Kein Wunder, dachte ich, nach dem, was er durchgemacht hatte.

Mein Blick fiel auf den Bahnhofsvorplatz. Eigentlich sehr gelungen, der Hauptbahnhof, auch wenn er für Autos schwer zu erreichen ist. Aber was soll's, dachte ich, es gibt Schlimmeres, blieb sitzen und fuhr weiter zum Schillerplatz. Dort stieg ich aus und schlenderte weiter zur Ludwigsstraße. Vom Brunnen konnte man gut zum Dom hinüberschauen, vorbei an den Pavillons aus den 60er Jahren, die jetzt umgestaltet werden sollen. Das wird bestimmt schön, dachte ich und schrieb eine kurze Mitteilung an meine Mutter.

„Gechillt, die neue shiggy shopping mall!“

Als sie die Nachricht erhielt, stand ich schon hinter ihr und wir schlenderten lachend in Richtung Dom.

Die teuren Kinder

Neulich saßen wir wieder beim Frühstück. Es war herrliches Wetter, die Luft war rein und klar, die Sonne schob sich hinter den Bäumen hervor. Es war still und friedlich auf der Terrasse. Ich hatte den Frankfurter Lotsen über das Innenministerium die Anweisung geben lassen, Finthen großräumig zu umfliegen. Sämtliche Rasen lagen frisch gemäht im Morgenlicht. Alle Parkflächen, Terrassen und Gehwege in der Nachbarschaft waren gekärchert und alle Fliesen geschnitten und verlegt. Ein Paradies!

Wir saßen also in familiärer Runde auf der Terrasse. Der Tisch war von einem Kind ungeschickt, aber mit viel Liebe gedeckt worden. Die meisten von uns hatten gut geschlafen. Ich ließ meinen Blick in der Runde schweifen und beobachtete meine Nachfahren.

Ausgeruht schlugen die Kinder ihre jungen, scharfen Zähne in die viel zu dick bestrichenen Nutella-Brote. Gierig zogen sie die braune Schokoladenmasse von den Brötchenhälften und leerten dazu ein Orangensaftglas nach dem anderen.

Was das hier alles kostet, dachte ich plötzlich. Die Aufzucht der Kinder, die regelmäßigen Mahlzeiten. Die Kleidung. Die vielen Schulranzen, Stifte, Radiergummis, das Kopiergeld! Die regelmäßigen Taschengeldzahlungen! Belohnungen für Zeugnisse, Leistungsanreize ...

Ach, wenn wir doch nach der Geburt der Kinder schon einen Ausbildungsfond angelegt hätten. Ein fest verzinsliches Papier. Ein Stück Gold. Vielleicht hätte ich vorausschauender planen sollen. Vielleicht hätte ich nach meiner Geburt meine Eltern bitten sollen, bereits ein Sparbuch für meine Kinder anzulegen.

Da kommt unsere große Tochter an den Tisch. Sie ist frisch geduscht. Ihr langes, blondes Haar glitzert in der Sonne. Es ist noch feucht und unbehandelt, aber sieht irgendwie gut aus. Na, denke ich, wieviel Liter Wasser wohl durch diese Haare geflossen sind. Das Shampoo. Der Conditioner. Die Handtücher. Ich finde es toll, dass unsere Kinder ein Hygiene-Empfinden entwickelt haben, aber warum duschen alle so lange bis die Stadtwerke anrufen und bei uns einen Wasserschaden vermuten?

Gerade jetzt während der Trockenheit. Im Zeitalter der ausgeschalteten Atomkraftwerke.

Die Kinder trinken am liebsten nur noch geschäumte Milch. Sie schäumen eigentlich den ganzen Tag Milch. Dazu kommen Tonnen von Kakao, die in diesem Schaum versenkt werden. Am Ende bleibt ein dicker Kakao-Bodensatz im Glas. Flüssiges Nutella! Am Tisch kommt es gerade zu einem Handgemenge. Zwei Kinder streiten sich um das letzte verbliebene Croissant. Verzeihung: Schoko-Croissant! Ein anderes Kind versucht, mit einem Löffel ins Nutella-Glas zu gelangen.

Ich bin fast sicher, dass unsere Kinder bis zur Volljährigkeit eine Fläche von der Größe Wackernheims mit Nutella bestrichen haben werden. Aus der Küche werden neue Orangensaftflaschen geholt, die meine Frau in mühevoller Kleinarbeit, teilweise zu Fuß im Rucksack aus großen Entfernungen nach Hause transportiert hat. Die Kinder trinken – wenn man nicht aufpasst – alles unverdünnt. Reinen Orangensaft. Nutella ohne Brot. Schaum ohne Milch. Auf dem Tisch bilden sich Berge von Krümeln, Seen von verschüttetem Saft, verschmierte Finger werden an der großen Serviette, der Tischdecke abgerieben. Von allen Seiten werden die Klingen über dem Nutella-Glas gekreuzt.

Mir schießen die Worte eines Freundes in den Kopf. Wie war das noch?

„Ein Kind kostet von der Geburt bis zum Auszug einige Hunderttausend Euro", hatte er mit zerfurchter Stirn vorgerechnet.

„Na und?" hatte ich geantwortet und gelacht. „Das ist es mir wert!"

Jetzt beim Frühstück kommen mir Zweifel, ob diese Summe ausreicht. Allein die Kosten für Nutella schätze ich bei uns pro Jahr auf eine Million Euro.

Wie soll das nur werden? Die Kinder sind im Wachstum. Die Linie meiner Frau hat großgewachsene Männer hervorgebracht. Das heißt, der Lebensmittelbedarf unserer Söhne wird in den nächsten Jahren noch steigen. Sie werden Tonnen von Schokolade essen. Ganze Rinderherden. Wagenräder Käse.

Ich selbst bin auch ein guter Esser! Oft genug wache ich auf mit Schweiß auf der Stirn und frage mich, ob der Kühlschrank am Morgen noch befüllt ist. Da hebt eines der bereits bedrohlich großgewachsenen Kinder den Kopf und sagt mit saftverschmiertem Oberlippenbartansatz: „Ich brauche 40 Euro für die Schule ..."

Ja, ja, saugt mich nur aus, denke ich. Macht mich alle wie den Orangensaft! Aber wundert euch nicht, wenn ich am Ende unser Familienleben noch in einer Zeitungskolumne der Öffentlichkeit preisgeben muss.

Ich schaue in den flugzeugberuhigten Himmel. Ich will eigentlich gar nicht mehr wissen, wofür das Geld gebraucht wird. Wahrscheinlich Kopiergeld oder Geld für einen Nutella-Ausflug nach Ferrero.

Die Kinder werden immer größer und stärker. Irgendwann werden sie mich nicht mehr fragen, ob ich ihnen Geld gebe. Sie werden mich hochheben, schütteln, auf den Kopf stellen und sagen: „Wo ist dein Portemonnaie, Kleiner! Los, rück's raus!"

Und ich werde um Gnade flehen und jeden Tag Yogijo-Karten kaufen, eine Star Wars Edition nach der andern nach Hause bringen, damit sie ruhig bleiben. Bloß keinen Fehler machen, sonst werden sie nicht zögern, mich zu grillen und anschließend zu verspeisen.

Da kommt meine kleinste Tochter und kuschelt sich neben mich. Sie krault meinen Rücken. Sie ist anschmiegsam, warm und weich. Liebevoll wischt sie ihre Nutella-Schnute an meinem Bademantel ab.

„Papa, was denkst du?" fragt das Mädchen und sieht mich aus großen, klaren und sonnigen Augen an.

Und ich antworte ihr ganz ehrlich.

„Ach Kind, abgesehen davon, dass ihr sehr viel Nutella esst und viel zu lange duscht, kann ich mir ein Leben ohne euch nicht mehr vorstellen!"

Ein Hoch auf die Schwiegermutter!

K**ürzlich wollten meine** Frau und ich mal eine kleine Reise machen. Eine Erholungsreise außerhalb der Schulferien. Echte Erholung, also ohne Kinder. So stellte sich die Frage nach der Aufsicht. Die Erfahrung hat gezeigt, dass sich bei uns die meisten Zwischenfälle, Handgemenge und Schlägereien nach circa zehn Minuten in Abwesenheit von Erziehungsberechtigten ereignen. Nötig war also eine Art Polizei, die den Kindern aber freundschaftlich verbunden war. Eine 24-Stunden-Überwachung – offener Vollzug.

Für diesen schwierigen Job kam nur eine Person in Frage: Meine Schwiegermutter! An einem Samstag stand sie in der Tür. Was für ein prachtvoller Anblick: In der linken Reisetasche dampften die fertig gekochten Mahlzeiten für sieben Tage, die rechte Tasche quoll über vor Kuchen, Süßigkeiten und Spielideen für Heranwachsende von fünf bis 16 Jahren.

Die Kinder waren außer sich, nahmen sogar teilweise die Stöpsel zur Begrüßung aus den Ohren.

Kurze Zeit später fuhren meine Frau und ich mit erhöhter Geschwindigkeit in Richtung München. Wir saßen schweigend nebeneinander und konnten unser Glück kaum fassen. Als nach 80 Kilometern immer noch kein Kind geschrien, niemand geweint hatte und auf dem Rücksitz auch keine Flasche Limonade ausgelaufen war, ergriff ich das Wort. „Ganz schön, so ohne Kinder, ... aber wir sollten vielleicht doch mal anrufen." Jetzt erst bemerkte ich, dass meine Frau bereits hinter Laubenheim eingeschlafen sein musste. Ihre Gesichtszüge machten einen entspannten, ja fast heiter-befreiten Eindruck.

Unser Reiseziel war ein Land in Südeuropa, in dem man seine Ruhe hat, wo sich keiner daran stört, wenn man den ganzen Tag im Schatten liegt und nichts tut außer dösen. Ein Land, in dem gutes Essen und guter Wein wichtiger sind als Produktivität und Alterssicherung. Wir waren durch eine Empfehlung der Bundeskanzlerin darauf aufmerksam geworden. Gut gelaunt überfuhren wir die Grenze nach Österreich, am Nachmittag war Italien erreicht.

„Ist es wirklich wahr, dass bei euch das Renteneintrittsalter bei 14 Jahren liegt?" fragte ich den Zöllner und grinste ihn an. Der Mann winkte uns durch, aber ich konnte im Rückspiegel beobachten, wie er sich das Kennzeichen notierte.

Als wir in dem kleinen italienischen Gasthof angekommen waren, wurde ich unruhig. „Sollen wir jetzt nicht mal zuhause anrufen?" fragte ich meine Frau, die sich gerade mit einem Buch in den Schatten gelegt hatte.

„Warum?“ antwortete sie „Meine Mutter wird schon wissen, was sie tut.“ Aber ich war mir nicht sicher, ob meine Schwiegermutter diesen extremen Belastungen gewachsen sein würde. Die Kinder waren größer geworden, der Verbrauch an Lebensmitteln war gestiegen. Außerdem wurden sie immer bockiger. Teilweise hatten sie einen eigenen Willen entwickelt. Das hatten wir uns einerseits gewünscht, andererseits war es oft sehr unpraktisch. Jeden Tag kamen sie später aus der Schule, hatten nie Hausaufgaben auf und wollten immer irgendwo übernachten. Hoffentlich schafft die Schwiegermutter das, dachte ich.

Im selben Augenblick kam die erste SMS.

„Oma hat mir verboten, zu Lucina zu gehen, schluchz. Verheulte Grüße!“ Das war die Kleinste, die noch gar nicht richtig schreiben konnte, aber offenbar ihren Kummer diktiert hatte.

„Oma zwingt mich, mein Zimmer aufzuräumen!“ schrieb der Unordentlichste.

„Oma erlaubt mir nicht, bei Freunden zu übernachten.“ Am Nachmittag wurde der Ton verzweifelter:

„Oma glaubt mir nicht, dass wir keine Hausaufgaben aufhaben!“

„Wer ist diese Oma?“ schrieb ich zurück. „Die will ich unbedingt mal kennenlernen. Schönen Gruß, wir sind mit allem einverstanden, was sie euch nicht erlaubt!“

Danach kam keine Nachricht mehr.

Nach einer Woche kamen wir verabredungsgemäß wieder. Übrigens sehr gut erholt. Und wir haben allen etwas mitgebracht. Die Kinder sprangen an uns hoch wie junge Hunde. Drei Tage später meldete sich die andere Oma, also meine Mutter. Ob sie die Kinder sechs Wochen in den Sommerferien übernehmen sollte.

Ich habe ihr gesagt, dass ich nichts versprechen kann. Konkurrenz belebt das Geschäft ...

A Wab Baba Lu Bab

Die Lu wird umgebaut. Ich bin ganz aufgeregt!!! Ich kann's kaum abwarten. Heute nach dem Frühstück fahren wir alle in die Stadt, um nach der Lu zu schauen. Eine „Neugestaltung" – das klingt doch interessant. Und die haben gesagt, man soll sich einbringen, mit Ideen. Das hat mich allerdings stutzig gemacht. Mir ist das immer lieber, wenn sich Fachleute einbringen. Aber bitte, natürlich habe ich auch eigene Vorstellungen von dem Umbau. Die kann ich ja schon mal ausbreiten. Also, ich würde zunächst diese Bodenplatten mal wegnehmen, wo die Busse immer drüber fahren. Die würde ich erstmal erneuern. Das sind die Leute gewohnt und da wird sich auch keiner beschweren. Im Gegenteil, viele werden sagen: „Ach, sie bauen wieder die Platanen ein ..." Und dann die Pavillons. Die sollen ja weg oder neu oder höher gebaut werden. Das kann ich mir überhaupt nicht vorstellen. Klarer Fall von Ensemble-Schutz! Also bei allem, was recht ist, aber die Pavillons müssen stehen bleiben. Die sind historisch. Wenn die Bagger kommen und an die Pavillons ran wollen, das hab ich den Kindern schon gesagt, dann ketten wir uns am Dolomiti fest. Dann machen wir „Mainz 21".

Es muss wohl Geheimpläne von Bürgermeister Beck geben. Der will den Umbau nutzen, um das Staatstheater unter die Erde zu verlegen. Und oben drauf soll ein großes Fahrrad-Geschäft. Gar nicht so schlecht, dann wäre vielleicht auch Platz für eine Turnhalle neben dem WMF-Geschäft. Aber nur für Finther!!! Mit einer Sprinter-Bus-Verbindung vom Tieftheater zum Katzenberg. Übrigens: Mit den Autos, das wird überhaupt kein Problem. Die können alle umsonst am Rhein parken. Da soll es ganz viele unterirdische Parkplätze geben. Die hat man jetzt entdeckt, bei Ausgrabungen. Sehr gut erhaltene Parkplätze ...

Mainz braucht eine Gourmet-Meile. Eine Art Kö, aber eben als Lu. Mit dem Anspruch eines Berliner Ku, aber mit einem Hauch von Zwerch. Ein Aldi, ein Schlecker, ein Kik und ein Silly, ein Doofie und ein Elektro-Schrotti. Und wenn's leer steht, dann kommt der City-Manager und stellt Blumentöpfe rein ... Oh, das war jetzt gemein. Vielleicht genügt auch ein „Walk-of-Shame" für die ehemaligen Baudezernenten. – Das ist ja noch gemeiner. Und wie soll die neue Ludwigsstraßen-Shopping-MALL (gesprochen: „Mohl") überhaupt genannt werden? Die braucht natürlich einen volkstümlichen Namen. Im heimischen Dialekt: „Zeische-MALL" fällt mir ein, „Momende-MALL" wäre eine Möglichkeit oder „Behalde MALL dei Redd" ginge auch. Auf jeden Fall muss ein Souvenir-Händler her. Mit prachtvollen Auslagen ... So wie in der Malakoff-Premium-Ghost-Shopping-Mall. Da wurde dieses neue Konzept aus hochwertigem Leerstand mit Hilfe von flachpfeifigen Vollidioten schon umgesetzt.

Die Lu wird ganz anders. Viel besser. Und wenn bei Karstadt irgendwas dazwischen kommt, dann findet sich ein Mieter – da bin ich ganz sicher. Vielleicht ein rot-grünes Informationszentrum, ein Energie-Spar-Kaufhaus mit Solar-Beratung, Tipps für stillende Mütter und Elektro-Autos mit Windkraftpropellern. Oder ein städtisches Tierheim unter Leitung von Kurt Beck. Ich bin sehr zuversichtlich, was unsere Stadt anbelangt.

So, wir probieren jetzt das mit dem Festketten am Dolomiti. Die Kinder wollen sich am Tiramisu festketten. Ich bin eher für Malaga. Malaga-Mall ... klingt auch schön. Schwarzia Tella oder wie das heißt.

Freier Blick auf den Vatertag

Diese Woche war wirklich atemberaubend. Erst der ungewohnte Regen und dann kam der Tag, auf den ich schon das ganze Jahr gewartet hatte: Vatertag! – Für mich der höchste Feiertag des Jahres. Der V-Tag, wie ich ihn auch gerne nenne, beginnt bei uns nicht zu früh, damit ich ausschlafen kann. Wenn ich das Zeichen gebe, dann kommen alle zu mir ans Bett, meine kleine Tochter Trixi * setzt mir eine selbstgehäkelte Krone auf. Anschließend tragen mich die Kinder unter den Klängen meiner Lieblingsmusik („My way") auf einem umgebauten Surfbrett mit Teppichauflage an den Frühstückstisch. Die Mädchen haben sich Schürzen umgebunden, auf denen steht: „Wir kochen nur für Papa", die Jungs tragen T-Shirts mit dem Schriftzug: „Daddy's golden boys". Meine Frau schließlich hat sich nach langen Diskussionen und viel Widerstand dazu bereit erklärt, eine Mütze über zu streifen, auf der steht „In dubio pro marito" (Im Zweifel für den Ehemann).

Ein Tag also, genau nach meinem Geschmack. Selbst von den Nachbarn aus der Straße kommen Glückwünsche, Sixpacks und Grußkarten mit der Aufschrift „Weiter so!", „Bravo!" oder „Halt durch". Bevor ich traditionell von befreundeten Vätern zu einer zweiwöchigen Zechtour abgeholt werde, nutze ich das Vatertags-Frühstück für eine etwa zweistündige „Rede zur Lage der Familie". Es geht um väterliche Pflichten einerseits, vor allem widme ich mich aber in einer halbstündigen Passage den väterlichen Rechten, den Eigenschaften eines guten Vaters und ende sehr emotional mit dem Kapitel „Väterliche Gefühle". Danach jubelt mir die Familie frenetisch zu und ich lasse mich mit überwältigender Mehrheit für weitere zwölf Monate im Amt bestätigen.

Aber diesmal hatte ich noch etwas anderes vor. „So, nun möchte ich euch bitten, mir noch einen kleinen Gefallen zu tun. Beugt ihr euch bitte mal leicht nach vorn", bat ich die drei rechts von mir sitzenden Kinder und setzte währenddessen meiner Frau einen ziemlich hohen Hut mit einer Spitze auf. Ich selbst blieb auf der Kopfseite des Tisches und kniete vor der Kante auf und nieder.

„Was soll das?" fragte eins der Kinder. „Jetzt bitte mal leicht nach oben mit dem ganzen Oberkörper ... ich brauche ein Fernglas." Die Kinder taten und brachten, was ich wollte, aber die Zweifel auf ihren Gesichtern blieben.

„Wieviel kannst du von Mama sehen, wenn du dich klein machst?" fragte ich das Kind, das auf der linken Seite verblieben war.

„Hä?" Es schien mit der Aufgabe überfordert.

„Die Frage ist, ob du Mamas Gesicht erkennen kannst oder nur den Hut, wenn sich die anderen vorbeugen ...", präzisierte ich mein Anliegen und das Kind antwortete. „Ich sehe eine Milchtüte ..."

„Jetzt ganz nach oben mit den Köpfen!" stieß ich hervor, während ich mich selbst mit dem Kinn unter die Tischkante rutschen ließ.

„Und jetzt die Köpfe flach auf den Tisch ...!"

Die Kinder reckten und senkten die Köpfe. Nur meine Frau wurde ungeduldig und forderte Aufklärung. „Was soll der Schwachsinn?" fragte sie und war kurz davor, Hut und vor allem Mütze abzusetzen, auf deren Schriftzug sie mir blinden Gehorsam versprochen hatte.

„Na, ist das denn so schwer?" sagte ich mit entwaffnendem Lächeln.

„Ihr drei wart die Pavillons in der Ludwigsstraße. Du, Schatz, bist der Dom und Peggy * sollte schauen, ob man von der Langgasse den Dom noch sehen kann, wenn die Pavillons dreistöckig werden."

„Was ist denn so wichtig am Domblick?" wandte Cedric * ein und gab mir die Gelegenheit, die Dinge in einem väterlichen Schlussmonolog klarzustellen.

„Also," sprach ich am Vatertag, „wenn in Mainz etwas Neues gebaut wird, eine neue Idee aufkommt oder irgendetwas anders werden könnte als es schon immer war, dann muss das immer sehr genau geprüft werden."

„Aber warum, Papa, ist das so?"

Diesmal war es Dustin *, der mich neugierig anstarrte.

„Nun", sagte ich „vielleicht liegt's daran, dass man aus vielen Häusern den Dom nicht sehen kann."

Wir aßen schweigend zu Ende. Meine Frau schmunzelte und tippte sich mit dem Finger auf die Aufschrift an ihrer Mütze.

---

* *Namen der Kinder sind verfremdet*

Stadt mit Führungsanspruch

Als ich gestern durch die Innenstadt spaziert bin, da fiel es mir wie Pappeln aus dem Höfchen: Mein Gott, hab ich gedacht, was für eine Dynamik! Sind sich denn die Menschen hier in dieser Stadt überhaupt bewusst, wie bedeutungsvoll sie sind? Wie sehr ist diese Stadt belächelt worden wegen ihrer provinziellen Politiker! – Aber irgendwann muss Schluss sein. Wir brauchen uns nicht länger für Einzelne zu schämen, die von der Staatsanwaltschaft gejagt werden oder andere, die den Zeitpunkt eines ehrhaften Rücktritts versäumt haben.

Es ist Zeit für ein neues Selbstbewusstsein in dieser Stadt. Die Erfolge sind offensichtlich und dürfen nicht klein geredet werden, sondern groß geschrieben: Thomas Tuchel, Christian Heidel und Harald Strutz führen den fünftbesten Fußballclub der Republik. An einer Stelle, wo früher nur Gurken und Sprossen wucherten, ist ein solarbetriebenes Stadion aus der Erdkruste hervorgesprungen.

Football's coming home: Back to the Bauer! Gleichauf mit der sportlichen Dynamik entsteht an der Mainzer Universität ein geistiges Hochleistungszentrum, das einerseits die Pfiffigkeit des Mainzers und der anliegenden Dorfgemeinschaften, andererseits auch seine schlitzohrige Geschäftstüchtigkeit endlich in den wissenschaftlichen Rang erhebt.

Es ist letztlich auch unsere Trinkfestigkeit, der unbedingte Wille zum Rausch, der den Wein zu einem festen Bestandteil der geistigen Fakultät gemacht hat. Und dass diese Stadt auch ein Herz hat für einfache Menschen, die sich mit einer warmen Fleischwurst Mut machen, das brauche ich hier nicht hervorzuheben.

Mainz – ein Blatt voller Trümpfe. Durch das rasante Wachstum der Grünen in Stadt, Land und Fluss besteht die Möglichkeit, diese Stadt modern und umweltfreundlich auszubauen. Die friedliche Nutzung der Panzerwerke ist ein Beispiel. Der schadstoff-fressende Straßenbelag in der Parcusstraße – eine Zusammenarbeit zwischen „tuffli"* und „Reifen-Rauch" – ist ein zweites. Linksdrehende Zebrastreifen an jeder Ampel. Flüsterkorridore für Flugzeuge. Kommt Zeit, kommt Fahrrad! Kein Wunder, dass immer mehr Rheinland-Pfälzer sich als Mainzer bezeichnen. Viele Wiesbadener fahren weinend nach Hause, weil sie sich so geborgen fühlen, wenn sie hier zu Besuch sind.

So, hab ich jetzt noch irgendwas vergessen?

Meine Frau flüstert mir noch zu, dass ich die Schulbuch-Ausleihe erwähnen soll. Nichts lieber als das: Die Schulbuch-Ausleihe ist ein weiteres Mosaik-Steinchen zur intelligenten Nutzung der Kinderenergie! Die Nutzung eines (langweiligen) Schulbuches über drei Jahre durch drei (gelangweilte) Schüler gilt als Durchbruch im Umgang mit Lehrmitteln. Wurden die Schulbücher noch bis weit in die 90er Jahre von vielen Schülern überwiegend als Tischtennisschläger, Wurfgeschoss oder Kälte-Isoliermatte verwendet, wird das staatlich geliehene Buch wie ein rohes Ei behandelt. Es soll sogar Mütter geben, die die Bücher in Samthüllen aufbewahren und unabhängig vom Schulkind in die Schule fahren.

Apropos außerschulische Aktivitäten: Auf welchem Pfingst-Festival kann man seine 16-jährige Tochter über vier Tage frei laufen lassen mit der Aussicht, dass sie weder schwanger noch bekifft, aber politisch aufgeklärt wieder heimkommt?

Wo scheint die Sonne, obwohl Regen angesagt war? – Schauen Sie einfach raus. Es ist ein Geschenk, in dieser Stadt zu leben. Und wir dürfen es annehmen.

---

* *längst verschwundene kleine Pommesbude auf der Parcusstraße*

Der Traum von der stadtnahen Geschäftsführung

N**eulich saß ich** beim Frühstück, hüllte mich aber in Schweigen.

Nicht ganz uneigennützig, denn ich hatte am Abend zuvor in einer Expertenrunde verschiedene Rotweine getestet, in einem aufwändigen Dekantier-Verfahren jahrgangsübergreifende Vergleiche angestellt und die Ergebnisse noch bis weit nach Mitternacht diskutiert.

Wenn man dann die Gnade hat, schmerzfrei aufzuwachen, dann weiß man die Verschwiegenheit, den unaufdringlichen Charakter einer Zeitung zu schätzen. Sie wirkt wie ein schützender Kokon, ein Gesprächsschutz.

An diesem Morgen gab es nur ein Geräusch, das mich störte. Ein Geräusch, das ich schon kannte, was mir aber heute besonders stark missfiel. Es war die Art, wie meine Frau die Zeitungsseiten umblätterte. Von Blättern konnte eigentlich keine Rede sein, sie schlug die Seiten geradezu um und erzeugte ein Geräusch, das von meinem empfindlichen Gehör fast wie ein Peitschenhieb empfunden wurde.

RATSCH!

„Kannst du bitte etwas leiser blättern", bat ich und strich etwas Marmelade über die Brötchenhälfte. Zwischen Teig und Belag hatte ich eine kleine Dämmschicht aus Quark gefüllt, so dass sich auch die unvermeidlichen Kaugeräusche auf ein Minimum reduzieren ließen. Das weiche Brötchen, der Quark, die Butter, das breite Messer, die Tischdecke, alles um mich herum war leise.

RATSCH! Da war es wieder.

Behutsam biss ich in das geräuscharme Brötchen und suchte in der Zeitung nach Beiträgen, die meiner Ruhebedürftigkeit entgegenkamen. Gegen meine sonstigen Gewohnheiten studierte ich eine Beilage über Teppiche. Ein Artikel über geräuscharme Straßenbeläge und Lärmschutzfenster fiel mir ins Auge. Ein Reisebericht aus der Karibik, Bilder eines einsamen Strandes ... das tat gut.

RATSCH! sagte meine Frau.

Geschäftsführer müsste man sein, dachte ich. Geschäftsführer einer stadtnahen Gesellschaft. Mit einem großen Büro. Ganz für sich alleine. Mit schönen Bildern an der Wand. Rabanus Maurus. Maria Ward. Jockel Fuchs. Wie sie alle hießen ...

Und dann käme meine Sekretärin rein und würde das stadtnahe Frühstück bringen. Einen Ring Fleischwurst, eine Brezel, Kaffee und einen Riesling.

Und natürlich die Zeitung. Und sie würde mir total stadtnah ins Ohr flüstern: „Hab sie schon ganz leise aufgeblättert ..."

Und da wären die isolierten Fenster, die dicken Teppiche auf dem Boden und die stadtnahen Tickets in den Urlaub. Alles in meinem zentral gelegenen Geschäftsführungs-Büro in Stadtnähe, aber mit beschränkter Haftung.

Ab und an würde ich dann eine Erfolgsmeldung rausgeben. Ich würde beispielsweise verlautbaren, dass ich über die Geschäftsentwicklung im zweiten Quartal sehr zufrieden wäre. Aber niemand würde genau wissen, mit was ich mich eigentlich beschäftige. Ich würde mich einfach immer erfolgreich verhalten!

Jeden Mittag würde ich mit Vertretern aus der Politik oder stadtnahen Unternehmern Essen gehen. Natürlich nur in Stadtnähe. Wir würden reden über stadtnahe Themen, in Ausnahmefällen würden wir auch die Region mit einbeziehen. Ich hätte viele stadtnahe Freunde und da wären viele Menschen in Stadtnähe, denen ich wahlweise auch mal einen Gefallen täterätätää ... ganz oft, ganz laut, auch mal ganz leise, still und manchmal sogar heimlich.

RATSCH! – Meine Frau blätterte wieder.

Ach nee, vielleicht genügt es auch einfach, ein bisschen Distanz zu halten und ab und zu mal reinzufahren. In die schöne Stadt Mainz! Die kann ja nichts für die ganze stadtnahe Gesellschaft ...

Die große Sommerautoreise

Endlich Sommer, die Kinder haben Ferien und wir richten uns danach. Bei uns zu Hause, das will ich offen zugeben, herrscht schon seit Tagen eine nervöse, angespannte Atmosphäre. Meine Frau fährt den Lebensmittelvorrat auf Null herunter. Die immer kargeren Mahlzeiten kreisen fast ausschließlich um organisatorische Fragen. Bereits vor zwei Tagen hatte sie klargestellt:

„Die letzte Maschine läuft. Rien ne wasch plus!"

Es wird höchste Zeit, ihrem Drängen nachzugeben und den Wagen zu beladen. Das Ergebnis meiner Arbeit ist eine preiswürdige Verdichtung von etwa 20 Gepäckstücken, darunter Koffer, Taschen, Säcke und Tüten. Aber – meine Herrn – erst wenn der letzte Kleidersack verstaut, die letzte Lego-Kiste verladen, wenn der letzte Samsonite-Koffer, die letzte Schwimmflosse und die allerletzte Badehose in irgendeinen Hohlraum gequetscht worden ist, dann werdet ihr merken, dass noch ein winzig kleines Kosmetik-Täschchen im Inneren des Hauses gelauert hat, das jetzt in Begleitung der Gattin herantänzelt.

„Hier. Das muss auch noch mit."

Das Täschchen hat ein Volumen von anderthalb Vogelkäfigen und verzögert unsere Abreise um zwei Stunden. Als der Schrankkoffer verstaut ist, herrschen zwischen 4 und 5 Atü unter dem Kofferraumdeckel. Vielleicht hätte ich eine Pfadfinderin heiraten sollen!

Diesmal kommen wir noch später als sonst los. Auf der Autobahn baut sich ein Stau auf, von dem wir noch nichts wissen. Am Auto wähle ich eine moderne, kindgerechte Begrüßung: „Guten Morgen und willkommen an Bord, liebe Kinder. Der Turbodiesel mit dem Kennzeichen TKKG-Hexhex-5-Freunde steht zur Abfahrt bereit. Wir wünschen uns einen friedlichen Tag im Auto!"

Meine Frau täuscht eine Migräne vor. Aber ich fahre fort: „Zur Schonung der Sitzbezüge und meiner bzw. Muttis Nerven bitten wir auf die Benutzung von Schmier- und Schokoladenstoffen im Auto zu verzichten. Kommen wir jetzt zu den Notausgängen ..." – Mit einem Augenrollen zeigt meine Gattin stumm auf die beiden hinteren und vorderen Türen und das Schiebedach. Ich zwinkere ihr zu. Ja, so macht Verreisen Spaß!

Gutgelaunt biege ich in die Hauptstraße ein. „Du Vollidiot!" grüße ich einen anderen Verkehrsteilnehmer. „So ein Penner!" Ich halte mich für einen guten und sicheren Autofahrer. Als unangenehm empfinde ich die Tatsache, dass ich die Straße teilen muss mit anderen.

„Du siehst müde aus, soll ich fahren?" flüstert meine Frau voller Sorge.

„Quatsch!"

Was denkt die sich? Als ob ich so einfach zu ersetzen wäre am Steuer.

Schon gar nicht durch eine Frau! Aber das darf man ja heutzutage nicht mehr laut schreiben.

Im Rückspiegel werden Zettel hochgehalten.

Auf dem ersten steht: „Wie lange noch?" Auf dem zweiten steht: „Wie lange noch?" Und auf dem dritten: „Wann sind wir da?"

Jetzt wollen die Kinder Brote und Trinkflaschen. Mit Schrecken stelle ich fest, dass es sich um Nutella-Brote und Fanta-Flaschen handelt!

Mit großer Sorge und zunehmender Gereiztheit beobachte ich im Rückspiegel das Auslaufen und Verkleckern der Flaschen, die gegen meinen Willen mit Fanta gefüllt worden sind.

„Ich sehe was, was du nicht siehst ...", ruft meine Frau, um die Situation zu entkrampfen. „Wir sehen was, was ihr nicht seht", rufen die Kinder und schmieren Schokolade an die Rücksitze.

„Wieviel Beine haben 7 Hühner?" frage ich, denn ich war ja mal Lehrer.

Meine Frau wirft eine Tablette ein und murmelt: „Was soll das denn?"

„13!" antwortet der kleinste und löst eine etwa halbstündige Hühnerstall-Diskussion aus, die ich mit einem Bremsmanöver und den Worten „Schluß jetzt!!" abwürgen muss. „Der Hahn hat wohl eins aufgefressen!"

Die Kinder weinen. Es macht mir nichts aus. Mein Hintern ist eingeschlafen und meine Augen jucken. Ich kann mich nicht mehr lange wachhalten und bitte meine Frau um einen Happen aus der Provianttasche. Mit sorgenvollem Blick steckt sie mir ein Stück Tomate in den Mund. Das Stück ist sehr groß: Ein Spritzer Saft kleckert auf die Hose. Ein kleiner Fleck für mich, aber ein großer auf meinem Nervenkostüm!!!

An den Rest der Fahrt erinnere ich mich nur ungenau! Es heißt, ich hätte fünf Tobsuchtsanfälle gehabt!

1. Tobsuchtsanfall: Ich verbiete den Kindern das Essen und Sprechen und erhöhe die Geschwindigkeit.

2. Tobsuchtsanfall: Ich versuche mit der rechten Hand, den oder die Hauptlärmverursacher auf der Rückbank zu schnappen. Dabei gerät der Wagen ins Trudeln. Ich überhole rechts und hupe in unregelmäßigen Abständen.

3. Tobsuchtsanfall: Nach einer unkontrollierten Schreierei halte ich auf dem Standstreifen, lasse ein Kind pinkeln, während ich das andere verprügele. Ich kann nicht sehen, dass das dritte Kind meinen Sitz mit einem Butterbrot

verschmiert. Die Kinder kichern. Meine Fahrweise ist jetzt jähzornig und entspricht nicht mehr den allgemeinen, sondern nur noch den GEMEINEN Verkehrsregeln.

4. Tobsuchtsanfall: Nach einem spitzen Schrei auf der Rückbank, einem Handgemenge und dem vollständigen Entleeren einer Fanta-Flasche in meinen Nacken verliere ich die Kontrolle. Ich überschütte meine Frau mit Vorwürfen, die in eine Scheidungsdrohung münden.

5. Tobsuchtsanfall: Ich habe auf der Autobahn mehr Feinde als im Wageninneren! Eine Gruppe tiefergelegter Opel Vectras verfolgt mich. Einige kann ich erfolgreich von der Fahrbahn abdrängen. Tanken wäre zu gefährlich. Meine Widersacher warten nur darauf, mich an der Raststätte zu stellen. Überall Feinde. Im Auto spitze Schreie und Chaos. Meine Frau hat einen Heulanfall und schon zweimal versucht, das Fahrzeug zu verlassen. Zwei Kinder haben sich schwere Prellungen zugezogen. Das dritte Kind versucht offenbar auch andere Fahrer mit Grimassen und obszönen Gesten aufzuhetzen.

„Ruhe! Bitte Ruhe!! Hört auf! Schluss jetzt!!! Achtung ... Vorsicht!“

Bremsen quietschen, Fortsetzung folgt

Müde ist müde

In einer Fachzeitschrift habe ich vor einiger Zeit einen interessanten Artikel gelesen. Es ging um Schlafgewohnheiten. Und da stand: Ein Drittel seines Lebens verbringt der Mensch im Bett. Es gibt auf jeden Fall einen Zusammenhang zwischen Gesundheit und dem Schlafkomfort. Deswegen bin ich auch mit meiner Frau losgegangen, um ein neues Bett zu kaufen.

Sie wollte das. Unbedingt.

Ich hätte auch noch mit dem alten arbeiten können.

Wir gingen also in so ein Bettenfachgeschäft hinein. Was übrigens nicht so einfach zu finden war. Denn da hängt ja nicht ein Schild, auf dem steht „Bettenfachgeschäft", sondern da steht dann irgendwas Moderneres wie „Feathers & Fun" oder „Dream Feather Paradise & More".

Naja, wir kamen in das Bettenfachgeschäft und da stand im Erdgeschoss ein Schild: 1. Stock Sleeping Systems! Und dann war das noch untergliedert in „Longsleeper", „Early Wake Upper", „Never wake up in the morning" und so weiter. Da hab ich noch gedacht: Och, das klingt gut, die haben sich wohl richtig Gedanken gemacht!

Kaum waren wir hoch gegangen in die Schlafsystemabteilung, da kommt ein Bettenfachvorleger auf uns zu und sagt mit so einer komischen Stimme:

„Einen herzlichen schönen guten Tag: Ich bin ihr Schlafberater!"

Da hab ich gedacht: „Na, hoffentlich brauchen wir nicht mehrere von dem ..." Und dann fing meine Frau an zu verhandeln.

„Ja, wir brauchen eine Matratze. Sie sehen ja, mein Mann braucht eine besonders kräftige Matratze." Dabei hat sie gelacht und mir in den Bauch gepiekst.

„Das hat sicher auch was mit dem Gewicht zu tun." –

Im selben Moment drehen sich schon die ersten Besucher im Feather-Paradies zu mir um. Und dann der Verkäufer, so'n ganz einfühlsamer, waschlappenartiger: „Ich verstehe, für Ihren Mann also was Kräftiges ...?" –

Ach, schreit sie wieder: „Kräftig ist gar kein Ausdruck!" Und dabei hat sie mich getätschelt, als ob ich einen Hirnschaden hätte.

„Ja", sagt er, „dann kommen Se doch mal mit."

Ich hinterher, wie ein Trottel in die Abteilung für Schwer-Bettlägrige!

Und er dann wieder, musste er alles sagen, was er wusste: „Gnädige Frau – Rücken ist nicht gleich Rücken". Dieser Penner!

„Was darf's denn sein: Kaltschaum, Latex, Roßhaar, Federkern ...?"

„Federkern!" ruf ich – „das gibt's doch schon ewig ... das gibt's doch schon seit 100 Jahren! Warum heißt das eigentlich noch nicht ‚Feather-Körn'? Habt ihr die Entwicklung verschlafen?"

„Ja, ja, ja ...", sagt der Schnarchexpertc. Die Federn seien extrem verbessert. Die seien jetzt „heiß eingedreht".

Nach einem alten Rezept seien die Federkerne „gelutet" und in die Matratze heiß eingedreht. Da hab ich gedacht: Bei dir ist wohl die Birne heiß eingedreht worden! Du Matratzenschoner!

Und er schon wieder: „Rücken ist nicht gleich Rücken, gnädige Frau!"

Und da hat's mir gereicht, da hab ich gerufen: „Und Arsch bleibt Arsch!"

So – dann war Ruhe in der Bettenabteilung. Und im Auto war auch Ruhe. Drei Tage war es insgesamt ruhig. Wie Weihnachten. Und ich hab mich erstmal ins Bett gelegt. Ich brauch kein neues. Mir genügt das alte!

Müde ist müde.

Wohnen im Erholungs-Hechtsheim

In diesem Sommer merke ich zum ersten Mal, dass die Kinder älter werden. An manchen Tagen schlafen sie durch, stehen gar nicht mehr auf. Das kann man mal machen, sage ich immer, aber je älter ich werde, desto schwächer wird die Erinnerung an meine Jugend, so dass ich immer weniger Verständnis dafür habe.

Naja, wir saßen also zu zweit beim Frühstück, es war schönes Wetter und da flog ein Flugzeug übers Haus. Nicht allzu laut, aber doch sehr präsent. Das sind Momente, in denen wir besonders geschäftig Zeitung lesen, um uns über einen Wertverlust der Immobilie hinweg zu täuschen. Manchmal passt es wenigstens zusammen: Oben fliegen Flugzeuge und unten in der Zeitung steht was über Fluglärm.

An diesem Morgen nicht.

„Weißt du was", begann ich das Gespräch, „ich könnte mir inzwischen auch ein Leben in Hechtsheim vorstellen!"

Meine Frau tat überrascht.

„Hechtsheim?" sagte sie. „Wieso das denn? Da ist doch immer Baustelle …"

„Jetzt noch", gab ich zurück, „aber Hechtsheim ist die Zukunft! Hechtsheim ist ein bisschen wie Stuttgart 21, aber ohne Bahnhof. Unter Hechtsheim fahren die bösen Autos, da rollt der Fernverkehr, aber oben drauf ist Naherholung! Da wird gegrillt, da schreien die Kinder, dotzen die Bälle, werden Ausflüge gemacht in Richtung Oberstadt. Ich sehe junge Familien auf Picknickdecken über dem Autobahndeckel. Scheues Wild, das neugierig aus dem Zementwerk-Aushub an der A 60 entlang springt. Fastnachtssitzungen am Zubringer … What a wonderful world!"

Meine Frau hatte sich inzwischen ein Hörnchen getunnelt, das sie mit eingekochtem Finther Obst füllt.

„Du meinst also, die ganze Achse Laubenheim – Klein-Winternheim wird zu einer Art Hunsrück?"

„Genau das meine ich."

Mit einem Ring Fleischwurst skizzierte ich den Verlauf der Autobahn.

„Die Zahnarzt-Pyramide an der Natur-Brücke – endlich ergibt alles einen Sinn. Platz wäre außerdem für einen kleinen Baggersee!"

Ich richtete mich ein bisschen auf und rief: „Finthen war gestern, Hechtsheim ist das Gonsenheim von morgen!"

Prompt hatte ich mich verschluckt, musste husten und einen Schluck Wasser (aus der Römerquelle) nehmen. Meine Frau schaute skeptisch.

„Aber war nicht in Hechtsheim der Flugverkehr besonders stark?"

Im selben Moment brach ein Flugzeug aus der Wolkendecke. Ein Experiment der Deutschen Flugsicherung, die sogenannte „KRAWUMM"-Route.

„Auch das ist Lärmteppich von gestern."

Ich lehnte mich zurück und biss genüsslich auf eine mit Sprossen belegte Gurkenscheibe.

„Das moderne Hechtsheim wird mit H-CDA-iL überflogen. Hechtsheim-Continuous Descent Approach-including Laubenheim ... das Ganze natürlich im Leerlauf! Teilweise wird sogar unterflogen – es besteht die Möglichkeit, dass Auto- und Flugverkehr den Tunnel gemeinsam nutzen. Was sagst du jetzt?"

Meine Frau hatte sich ein zweites Hechtsheim-Hörnchen mit Spargelmarmelade gefüllt. Ihre Augen leuchten.

„Meinst du, da geht was mit Erbpacht?"

„Ich weiß es nicht", erwiderte ich verschwörerisch.

„Aber ich könnte auf die Insel Poel* fliegen, um mit Jens Beutel die letzten Details zu besprechen. Es soll eine kleine Entwicklungsgesellschaft gegründet werden, ‚Wohnen mit Tunnelblick'. Da dürfte vielleicht eine Geschäftsführertätigkeit für mich rausspringen ..."

„Wann ziehen wir um?" unterbrach mich meine Frau.

Im selben Augenblick läuteten die Kirchenglocken und aus der Ferne krähte ein Hahn.

Es war wie ein Weckruf. Wir sahen uns in die Augen und beschlossen, für immer in Finthen zu bleiben.

---

* *Urlaubsaufenthaltsort des damaligen Oberbürgermeisters*

Nur ich

Kennen Sie diese schönen, klaren Sommernächte, diese frischen, verregneten Sommernächte? Wo man so gut und so tief schläft. Eine gesunde Nachtruhe. Wenn morgens die Vögel im Westwind zwitschern …

Das sind diese Tage, an denen ich morgens gerne der erste bin. Und ich will auch der erste bleiben, sogar der einzige. Verstehen Sie, was ich meine, das ist die Stunde der Einsamkeit, die Idylle der Ungestörtheit. Die blaue Stunde in einer Familie.

Nur ich.

Ich schlage das Bett zurück, werfe einen Blick auf meine schlafende Frau, verlasse das Schlafzimmer. Sorgfältig schließe ich alle Türen hinter mir. Niemand soll sich gestört fühlen, alle sollen so lange schlafen wie sie wollen. Je länger je lieber.

Denn an solchen Tagen habe ich einen Plan! Ich will alleine frühstücken, ganz gemütlich, ungestört, ganz in Ruhe. Im Selbstgespräch.

Nur mit mir.

Auf lärmschluckenden Filzgleitern husche ich in den Bereich des Hauses, in dem die meisten Kinder schlafen. Auch hier müssen Türen verschlossen werden. Man soll ja keine schlafenden Hunde wecken. Und Kinder schon mal gar nicht!

Es ist 5.50 Uhr und die Wahrscheinlichkeit, dass bei uns irgendein Familienmitglied daran interessiert ist, aufzustehen, ist sehr gering. Sie liegt aber über Null und deswegen investiere ich ab und zu einen Tropfen Öl, um die Türklinken und Schlösser noch leiser schließbar zu machen.

Auf dem Rückweg zur Küche passiert mir etwas, mit dem ich nicht gerechnet hatte. Mit einer Bademanteltasche bleibe ich an einer Türklinke hängen. Gleichzeitig bohrt sich ein spitzer Gegenstand in meinen hochsensiblen Morgenfuß. Irgendein Kind hat den kleinen Roboter mutwillig liegen lassen.

„AUA!“ brülle ich und schicke einen Fluch hinterher.

Irgendwo hüstelt es. Es ist 5.53 Uhr. Etwa 30 Sekunden halte ich inne, lausche. Noch ein solcher Schrei und ich kann gleich allen das Frühstück ans Bett bringen. Alles ruhig.

Nur ich.

Auf Zehenspitzen hole ich die Zeitung rein. Sie ist dick, trocken und unversehrt.

Aber vor allem ist sie zugestellt worden! Juhu!!!

Ich lege eine Lärmschutzdecke um die Kaffeemaschine. Teller, Messer, Löffel, Glas und Marmelade sind schnell aufgebaut. Butter und Käse, Joghurt, Früchte und Müsli folgen. Ein paar Nüsse können nicht schaden. Die schmecken gut und sind nur im Mund geräuschvoll. Wenigstens ein paar Minuten.

Nur ich.

Die Kaffeemaschine mahlt, jawoll, jetzt noch ein bißchen Schaummilch, ein großes Glas Wasser, das Brot ist noch frisch, vielleicht toaste ich es noch ein wenig auf, vorneweg ein Schälchen Müsli ... gleich geht's los. Jetzt nur noch die Zeitung auffalten, die dicke und frische Zeitung – so ist es richtig ... so bin ich Mensch am Morgen!

„Papa!" Eine Kinderstimme durchbohrt die Stille. Meine Hand zittert, gerade wollte ich das bestrichene Brot zum Mund führen. Der Milchschaum sackt in sich zusammen. „Papa, was machst du?" ruft die helle Kinderstimme hinter der Tür.

„Nichts", flüstere ich, „schlaf schön weiter ..."

Mein Morgen, denke ich. Meine Ruhe!!

NUR ICH!

Warum hat unser Haus nicht 30.000 Quadratmeter wie das geplante ECE-Shopping-Center? Auf so einer Fläche könnte jeder von uns jahrelang ungestört frühstücken. Und ausschlafen!

Irgendwo schnappt die ölgedämpfte Tür auf und ich höre, dass sich ein Kind nähert.

Es tapst. Natürlich wieder ohne Hausschuhe!

„Ich hab Hunger ...", sagt die Kleine und klettert an mir hoch. Ich spüre, wie mich eine bleierne Müdigkeit überkommt. Das Kind ist noch warm. Der Kaffee wird kalt. Ich werfe einen letzten wehmütigen Blick zur Zeitung. Um ein Haar hätte ich sie aufschlagen können.

„Weißt du was, Papa", flüstert mir das Kind ins Ohr und drückt sein Gesicht an meine Wange, „heute frühstücken mal nur wir beide. Nur wir!"

Wollt ihr die totale Shopping-Mall?

S**chade, dass das** mit dem Fluglotsenstreik nicht geklappt hat. Die Ruhe hätte man am letzten Ferienwochenende ganz gut vertragen können. Naja, so war's auch spannend: Hält das Wetter? Wie lange noch? Kommt noch eine Husche*? Bleibt's trocken? Überlebt der Euro das Wochenende? Am Ende rücken die wirklich bedeutenden Probleme der Stadt in den Wochenend-Vordergrund: Wann kommen die Dauerkarten von Mainz 05 an? Sind sie schon losgeschickt worden? Wird Schürrle am Sonntag wieder für uns spielen? Und wieviel Quadratmeter Shopping-Fläche entsteht in der Ludwigsstraße?

OHNE GASTRONOMIE! Wie wird das neue Bauwerk am Ende aussehen, wenn es den Stress-Test durch Bürgerbefragung, Expertenbefragung und ECE-Management bestanden hat?

Ich kann's Ihnen jetzt schon sagen: Es wird ein Gebäudekomplex entstehen, der sehr umstritten ist. Manche werden sagen: „Toll! Endlich kann ich shoppen, bis die Tüte reißt!" – Andere werden sich das alte Höfchen von 1918 mit den Weimarer Platanen in den Baumgrenzen von 1892 zurückwünschen. Wiederum andere werden einer dritten Lösung nachtrauern: Der Untertunnelung des Doms! Denn nur diese würde eine Beschleunigung der Altstadtroute um ca. 3 Minuten bringen.

Und irgendein Pelztierschützer oder Pirateninternetsurfer könnte auf den Moller-Bau klettern – der auch schon mal schöner war, als wir alle noch nicht geboren waren – und rufen: „Wollt ihr die totale Shopping-Mall?"

Und alle ehemaligen stadtnahen Geschäftsführer würden im Chor antworten: „Where have all the Dienstwagen gone?!"

Deshalb fordere ich hiermit von der zukünftigen Oberbürgerbaudezernentin Marianne und Michael Ebling: Bitte setzt uns einfach einen geschmackvollen Schoko-Shopping-Riegel auf die rechte Seite der Lu!

Nicht so groß, dass Klaus Hammer** wieder die Hälfte der Schaufenster mit Blumen vollstellen muss.

Nicht so hoch, dass der Papst bei seinem Deutschland-Besuch den Dom nicht mehr vom Fastnachtsbrunnen aus erkennen kann.

Und nicht so kostengünstig, dass nach fünf Jahren bereits die Decken runterkommen.

Und noch eins: Ich hänge sehr an der linken Seite der Lu mit dem kleinen Schlenderweg, den Schuhgeschäften und allen anderen tapferen Selbstständigen. Wehe, wenn denen auch nur ein Haar gekrümmt wird!

Bevor die ehrenwerten Pavillons abgerissen werden, möchte ich ihnen noch nachrufen: Danke! Ihr wart eigentlich die beste Lösung für diesen Hertie-Vorbau. Städtebaulich sehr vernünftig und geschmackvoll. Warum kann man so etwas nicht im Neubau aufgreifen – aber ohne den chinesischen Schrotthaufen, bitte!

Warum tut diese Stadt(verwaltung) eigentlich gerade immer so, als wenn sie wahnsinnig handlungsfähig und entscheidungsgewaltig wäre, nachdem Jahrzehnte der Ideen- und Tatenlosigkeit hinter ihr liegen? Wieso werden alle Stadtzentren in Deutschland an einen Konzern verscherbelt, der mit Mainz so viel zu tun hat wie Kostheim mit Hessen? Ich will nicht durch ein Gebäude laufen, das es in Duisburg oder in Kaiserslautern schon so ähnlich gibt.

Ich will eine Mainzer Mall: 10.000 Quadratmeter Fleischwurststand und 19.999 Quadratmeter Weinprobierstübchen. Und der letzte Flecken gehört dem Zugplakettsche-Verkäufer. Und mein letzter Wille: Macht schnell! Ich will's den Kindern nochmal zeigen und ich hab keine Lust, fünf Jahre am Behelfs-„Dolomiti" im Staub zu stehen mit Eingeborenen, die den ganzen Tag vor sich hinmurmeln: „Des wird nix!"

---

* *westfälischer Ausdruck für unangekündigten Regenguss*
** *ehemaliger Citymanager und SPD-Grande von Mainz*

Generation Chilly

Heute muss ich Sie mal was fragen: Ist es eigentlich normal, dass Jugendliche im Alter zwischen 11 und 14 Jahren fast nur liegen?

Ich bin wirklich in großer Sorge.

Bei uns zuhause bietet sich fast jeden Tag dasselbe Bild: Das eine Kind bzw. der werdende Mann liegt auf einem Sitzsack und bewegt sich nicht. Aber er lebt. Mit beiden Fingern spielt er an einem Gerät, dessen Hersteller-Name ziemlich direkt auf ein bekanntes Obst anspielt. Wenn man das meist muffige Zimmer betritt, hebt der Heranwachsende, ohne die Augen vom Display zu lösen, bedächtig seinen Kopf.

Die Konversation kommt dann nur schleppend voran.

„Was machst du?“ hab ich neulich gefragt und es dauerte eine ganze Weile, bis er die Stöpsel aus den Ohren gezogen hatte. „Nichts!“ war die lapidare Antwort und die Augen sackten wieder auf das Display hinab. Schlaff hing der ganze Körper im Sitzsack. Hinter mir tauchte meine Frau – seine Mutter! – auf und ließ ihren Blick durchs Zimmer schweifen. „Er kommt nach dir“, flüsterte sie maliziös und streichelte mir über den Nacken.

Keine zwei Stunden später bietet sich uns ein ähnliches Bild: Zwei muskulär unterentwickelte Jungen mit leichten Speckansätzen rollen sich auf dem Teppich herum. Sie spielen mit Karten, auf denen völlig abstruse Monster zu sehen sind. Darunter steht etwas Sinnloses in winzig kleiner Schrift, die nur Kinder und Optiker lesen können. Das Spiel kommt aus Asien und die Karten kosten ein Taschengeld.

Den ganzen Tag verbringen sie im Bademantel. Zum sogenannten Mittagessen gegen 17.30 Uhr wälzen sich alle aus ihren Zimmern. Auch am Esstisch machen die beiden keinen Hehl aus ihrer angeblichen Erschöpfung. Die Köpfe müssen mit Hilfe von Armen abgestützt werden, das Kauen fällt schwer und der Mund steht dabei halb offen. Fast unmittelbar nach dem letzten Happen nehmen die Knaben eine Liegeposition auf der Sitzbank ein.

„Wollt ihr nicht mal Fußball spielen?“ frage ich schon seit Tagen. Ich weiß gar nicht, ob sie noch so lange stehen können. Die Antwort kommt, wie immer in solchen Fällen, schnell und entschlossen: „Kein Bock!“ –

Still ruht der Teenager.

Man könnte meinen, die Jungen seien adoptiert. Aus einer Faultierfamilie. Meine Frau und ich, wir nutzen jeden Sonnenstrahl, aber auch jeden Regentropfen aus. Wir graben den Garten um, jäten Unkraut, putzen, waschen und kaufen ein.

Als ich neulich mit einem Staubsauger in ein Kinderzimmer hineinfuhr, um die sicher schon feuchte Stelle unter dem Sitzsack zu staubsaugen, wälzte sich der dralle Jugendliche zur Seite. „Chill dich!“ heißt es dann immer mal wieder. Unter dem Sack liegen Schokoladenkrümel.

Abends saß ich mit meiner Frau noch auf der Terrasse, als es nicht lange dauerte und die beiden sich noch mit steifen Beinen zu uns gesellten. Sie waren aufgeräumter Stimmung und trugen immer noch Bademäntel. Nach einem kurzen, herzlichen Gespräch kamen sie zur Sache.

„Dürfen wir fernsehen?“ fragen sie aus frechen, faulen Gesichtern. Sie müssen die Frage wiederholen, denn wer soll einen schlampig artikulierten Satz aus einem kaum geöffneten Mund verstehen?

„Morgen früh besorge ich euch erstmal über die Krankenkasse einen Rollator!“ antworte ich spitz. „Ihr könnt heute Abend auch mal ein Buch lesen.“

Beide verschwinden unter Protest. „Chillt euer Leben!“ rufe ich noch hinterher. Die Türen schlagen.

Das erste Mal, dass sie eine Regung gezeigt haben an diesem Tag. In der Luft liegt ein stechender Geruch, die Folgen einer Blähung. Auch das eine Nebenwirkung des ununterbrochenen Nichtstuns. Wir, die Erziehungsberechtigten, blicken ohnmächtig auf den gemähten und gejäteten Garten.

In acht Tagen beginnt die Schule.

Endlich!

Ein Grund zum Feiern

Gestern habe ich wieder Gründe zum Feiern gesucht. Wenn das Wetter schon so schlecht ist, dass einem der Grill abends immer ausgeht, dann muss man sich eben die Stimmung selbst aufhellen. Gleich morgens früh hatte ich eine interessante Flasche Sekt aufgemacht und auf den Tisch gestellt. Einfach so. Ohne Not!

„Prost! Auf einen erfolgreichen Regentag!" zwinkerte ich meiner Frau fröhlich zu und schob ihr ein Glas hin. Sofort bemerkte ich eine gewisse Zurückhaltung bei ihr.

„Worauf trinken wir denn? Und warum schon so früh? Willst du mir etwas beichten?" fragte sie mit gerunzelter Stirn.

„Nein!" rief ich und ließ die beiden Gläser aufeinander klirren.

„Wir trinken auf die Wohnbau. Hast du's gestern nicht gelesen: Die Wohnbau hat nur noch 567 Mio. Euro Schulden!"

Meine Frau kann sehr gut mit Geld umgehen. Ich würde sogar behaupten, dass es unter ihrer Geschäftsführung nicht zu einem solchen Chaos gekommen wäre. Aber das hilft jetzt auch nicht weiter.

Vielleicht war aber die ungeheure Summe von 567.000.000 Euro der Grund, warum sie nur sehr kurz am Glas nippte. Richtige Feierlaune wollte sich bei ihr nicht einstellen. „Das ist ein gigantischer Schuldenberg", stellte sie trocken fest und verschloss die Margarine mit dem Deckel.

„Ich weiß nicht, ob eine Feier das richtige Signal wäre ..."

„Nein", stimme ich zu, „da hast du natürlich recht. Aber wir könnten doch feiern, dass unsere Verschuldung wesentlich geringer ist, oder?"

Ich hob erneut das Glas, denn ich merkte, dass mir der Alkohol am Morgen zu einem ungewohnt guten Start verholfen hatte.

„Auf uns!" rief ich. „Auf unsere soliden Finanzierungen!"

Und schwupps, wieder leer!

„In 20 Jahren sind wir aus dem Gröbsten raus ...", flötete ich, während es im Hintergrund aus allen Kübeln goss. „Auf unsere Altersversorgung!" setzte ich nach.

„Auch wenn noch ein bisschen fehlt ... ich trinke vorsorglich, hihi!"

Sekt am Morgen, warum bin ich da nicht früher drauf gekommen? Ich war kurz davor, ein Lied anzustimmen!

Meine Frau stand auf. Sie will morgens immer irgendetwas erledigen. Preußisch. Naja, sie kommt nicht von hier. Ihr fehlt die rheinhessische Wurschtigkeit, diese südländische, griechische Leichtigkeit.

Ich schenkte mir nach und blieb sitzen. Es war wunderbar ruhig am Vormittag. Noch ein Grund zum Feiern. Es gibt keinen besseren Aufbewahrungsort für Kinder als eine Schule. Erst gegen Mittag würden die ersten aus der Verwahrung zurückkehren.

Wenn andere so viel Schulden haben, dachte ich, dann könnten wir eigentlich auch noch ein bisschen Geld aufnehmen. Jetzt, wo die Einkaufsmöglichkeiten in Mainz noch verführerischer werden. Und die Kaufkraft wächst! Es wäre doch irgendwie schade, wenn wir am Ende nicht genug davon hätten.

Und wer weiß, was kommt, wenn der Euro geht?

Vielleicht hat am Ende jedes Land wieder seine eigene Währung. Vielleicht sogar jede Stadt. Mainzer Geld!

Die Münzen hießen „Eblinge“ oder „Becken“. Ein „Narr-Taler“ entspräche 1000 „Narrhalesen“ und dafür gäb's einen „Merkator“. Für 10 „Eder“ einen Sack „Schönig“. Schon für 5 „Lu“ könnte man einen „Hammer“ eintauschen. Dafür gäb's einen „Reichel“ umsonst. Ab 50 „Grosses“ einen „Bobbes“ und so weiter. An den Rest des Vormittags kann ich mich leider nicht mehr erinnern ...

Wer darf nach Mainz kommen?

Einmal saß ich auf der Terrasse, da kam meine Frau dazu.

„Massier mir bitte mal den Nacken", bat ich sie.

Zartfühlend legte sie ihre Hände auf die verspannte Muskulatur.

„Was kann ich denn tun, um richtig fit zu bleiben?" sinnierte ich, während mein Blick auf ein Eichhörnchen fiel, das behende einen Baum erklomm.

„Wie wär's mit ein paar Spaziergängen im Wald?" schlug meine Frau vor. „Zwischen Finthen, Gonsenheim und Budenheim kann man wunderschön laufen, joggen oder mit dem Fahrrad fahren."

Zeitgleich lockerte sie auf zupackende Weise die Verspannungen. Ich malte mir aus, wie ich ganz alleine im Wald herumlief.

„Hm. Hinter der Autobahn ist doch auch diese kleine Siedlung mit der Wildwest-Imitation, Saloon und allem, was dazu gehört."

Die Vorstellung, dass ich am Wochenende erst ein paar Gonsenheimer in den Wald hinter die Autobahn zurückdrängen würde, um danach im Saloon einen zu heben und im Sonnenuntergang über die Spargelfelder nach Hause zu reiten, gefiel mir ganz gut.

„Oder du bestellst dir erstmal ein paar Sportgeräte. Vielleicht kannst du den Sport auch im Haus erledigen. Dann sieht dich keiner dabei ...", warf meine Masseurin schmunzelnd ein, während sie mir die etwas fülligen Backentaschen tätschelte. „Hör bloß auf!" warf ich ein. „Das erinnert mich an die schwer nachvollziehbare Ansiedlungspolitik unserer Stadt."

Einerseits wurden ständig riesige Baumärkte und Möbelhäuser angesiedelt, Hunderte von Shops sollten in der Innenstadt entstehen, aber ein großer Sportartikelhersteller mit außergewöhnlichem Angebot, der musste draußen bleiben.

„Bewegung ist alles", fasste meine Frau zusammen. „Schau dir die vielen beweglichen Politiker an, wie sie herumschwimmen mit ihren Meinungen, um bloß nichts falsch zu machen."

Bei dem Wort „Politiker" hatte sich mein Muskel wieder verkrampft.

„Naja", gab ich nach einem kurzen Aufschrei zu bedenken, „keiner konnte ahnen, dass wir neuerdings auch noch ganz Wiesbaden mitversorgen müssen. Und denen kannst du nicht kommen mit ein paar Spundekäs-Geschäften. Die meisten Wiesbadener sind Einzelkinder und ausgesprochen verwöhnt. Die wollen Luxus, italienische Lederwaren, Kurpackungen ..."

Meine Frau klatschte mit beiden flachen Händen auf meine Schultern. Sie kam ganz dicht und verführerisch an mein Ohr mit ihren Lippen.

„Aber was muss ich da lesen: Wiesbadener leben im Schnitt drei Monate länger als Mainzer?“

Als Ostwestfälin war ihr das Städteduell egal, weil sie mit einer Lebenserwartung von weit über 100 Jahren rechnen konnte.

„Ach“, gab ich zurück, „wenn du nur die Zeit einrechnest, die die brauchen, um hierher zu fahren, allein die Parkplatzsuche, dann hebt sich das wieder auf.“

Die Massage war jetzt leider beendet und meine Frau setzte sich neben mich. „Stimmt es denn, dass wir Finther länger leben als die Gonsenheimer?“ fragte sie ganz patriotisch.

„Das ist keine Frage!“ antwortete ich und legte den Arm um ihren weichen Hals. „Schau, ein Finther ist durch die vielen kleinen Anstiege und Bodenwellen wesentlich muskulöser als ein Gonsenheimer. Hinzu kommt noch, dass wir zuerst die frische Luft atmen und die verbrauchte in Richtung Gonsenheim abgeben. Das bringt uns am Ende die entscheidenden ein bis zwei Wochen!“

Im selben Augenblick spürte ich wieder etwas im Nacken. Ich griff zu und hielt eine junge Python * in den Händen.

„Siehst du“, sagte ich und streichelte dem Jungtier über die Nase, „Finthen hat auch eine wesentlich größere Artenvielfalt.“

---

* *Die war tatsächlich kurz vorher irgendwo in der Neustadt entschlüpft und sorgte dort für große Aufregung.*

Der Schulweg ist das Ziel

Neulich hab ich ein Schulkind gesehen. Ein ganz kleines. Erst hab ich gedacht, da hat jemand seinen Ranzen stehen lassen. Aber dann waren unten am Ranzen noch ganz dünne Beine dran. Das Schulranzenkind stand an der Straße und wollte sie überqueren. Es hatte einen sehr dünnen Arm ausgestreckt und blickte nach links, nach rechts, wieder nach links. Schon bald hielt auf der linken Seite ein Auto an, der Fahrer winkte. Doch das Kind war schlau und schaute wieder nach rechts, da kam auch ein Auto, hielt aber nicht an. Der Fahrer dachte wohl, da steht nur ein Ranzen und fuhr weiter. Im nächsten Auto saß eine Frau am Steuer. Sie hielt an und das Kind konnte die Straße überqueren.

Puh! Ich war erleichtert. Mit ausgelassenen Sprüngen hüpften die Beinchen weiter in Richtung Schule. An der nächsten Kreuzung traf das Kind noch zwei andere laufende Ranzen. Nach einer kurzen Begrüßung gingen sie zu dritt weiter, unterhielten sich, sangen sogar zwischendurch ein Lied. Ich hatte zufällig denselben Weg wie die Kinder und konnte nach etwa zehn Minuten auch noch Zeuge werden, wie die Kinder das Ziel – die Schule – erreichten.

In der Schulstraße war alles in großer Aufregung. Viel zu viele große, fast leere Autos standen vor der Schule, verstopften die Straßen und blockierten die Bürgersteige. Busse drängten, hupten und ließen die Kinder mitten auf der Straße heraus. Autotüren flogen auf, schwer übergewichtige, schwitzende Elternteile verabschiedeten sich mal flüchtig, mal tränenreich von ihren geliebten Kindern. Die Kinder rollten sich von den Rücksitzen herunter und watschelten dann ganz langsam in den Schulhof. Auf den Rücksitzen konnte ich ausgewickelte Schokoladenpapiere entdecken.

„Wissen Sie denn nicht", sprach ich ein ziemlich dralles Auto-Muttertier an, „dass die Überkreuzbewegungen beim Laufen die Entwicklung der Gehirnhälften anregen?"

Die Mutter ließ das elektrische Fenster ihres riesigen Geländewagens ganz herunter und raunzte mich an.

„Wir regen das Gehirn durch Kaubewegungen an!"

Auch neben ihr lag ein Silberpapier auf dem Sitz. Sie gab Vollgas und verschwand in Richtung einer Schnellimbiss-Kette. Fast hätte sie ein laufendes Schulkind angefahren.

Auf dem Schulhof konnte man die durchtrainierten Schulweg-Kinder bestaunen. Sie rasten über den Hof, jagten hin und her, rollten über den Boden, sprangen und kletterten über das Gerüst. Viele von ihnen konnten an Stangen hochklettern, trugen andere herum. Manche schleuderten sogar ihren schweren Ranzen meterweit ins Gebüsch, um ihn loszuwerden. Lehrerinnen fingen die schnellsten und wildesten Kinder mit Lassos ein und versuchten, sie mit Sonderaufgaben zu zähmen.

Am Zaun erschien eine atemlose, etwa 30jährige Frau, die ihr Auto kurz bei laufendem Motor verlassen hatte.

„Penelope *!“ schrie sie. „Penelope, horsch amohl! Isch bring dir’n heiße Ring Fleischwurst in die groß Paus!“

Die Angesprochene stand in einer Ecke des Schulhofes, drückte sich gerade einen Schokoriegel in den Mund und grinste über die speckigen Backen.

Nicht weit davon entfernt konnte ich einen Blick erhaschen in die Brotdose eines durchtrainierten Kindes. Frische Mohrrüben, Apfelstückchen quollen da aus der Tupperware, Vollkornbrot mit gesundem Aufstrich.
Ich bekam auch langsam Appetit.

Der Schulweg ist für viele Kinder ein Erlebnis. Jede kleine Abkürzung ist ein Stück eigenes Leben. Die Kinder sind sehr stolz, wenn sie den Weg alleine gehen! Auch im Regen! Es gibt überhaupt keinen Grund, ein Kind, das in die Grundschule seines Wohnortes geht, fast bis ins Klassenzimmer zu fahren. Das Kind erlebt nichts. Und lernt übrigens im Auto auch niemanden kennen. Guten Appetit!

---

* *Name geändert*

Wenn ich mir mal krank werde

Wenn ich heute noch etwas zurückhaltend schreibe, bitte ich das zu entschuldigen. Ich war nämlich krank. Sehr krank. Husten, Schnupfen, Kopfschmerzen und vieles mehr.

„Du hast bestimmt kein Fieber …“, rief mir meine Frau zu, obwohl mein Kopf noch unter der Bettdecke war. Woher wollte sie das wissen?

„Du wirst mir doch nicht krank!“ hat sie dann gesagt und dabei ein bisschen vorwurfsvoll gelächelt.

Von diesem Zeitpunkt an wusste ich, dass sie dagegen war. Meine Frau mag es nicht, wenn ich krank bin. Sie sagt immer: „Dann fällst du mir ja aus!“

Wieso werde ich eigentlich IHR krank und falle IHR dann aus? Ich bin doch selber krank. ICH bin MIR krank. Und zwar schwer: Kein normaler Husten, sondern vermutlich ein Steckhusten. Es klingt so, als ob er noch feststeckt. Hinzu kam noch ein Stock-Schnupfen! Als ob jemand Stöcke in die Nasenlöcher gesteckt hätte. Ich kenne keinen außer mir, der solche Schnupfen hat!

„Soll ich dir ein Dampfbad machen?“ fragen viele Frauen, wenn ihre Männer krank sind. Meine Frau sagt immer: „Mach dir doch ein Dampfbad.“

Für sie ist das wohl unheimlich komisch, wenn ich wie ein Volltrottel unter diesem Handtuch sitze und das Gesicht in den siedend heißen Kamillenblüten-Brei eintauchen muss. Sie weiß wahrscheinlich nicht, wie das ist, wenn einem aus allen Poren des Gesichts der Schnodder läuft. Wie das kitzelt …!

„Wenn du das fünfmal am Tag machst“, hör ich sie sagen, „dann bist du morgen wieder fit.“

Von wegen. Wer sagt denn, dass ich morgen fit sein will? Ich bin jetzt erstmal krank. Und das bleibt auch so. Ich gehe wieder zurück ins Bett. Diesen Tag werde ich liegend verbringen. Und wenn man lange genug liegt, dann fühlt man sich auch richtig krank.

Die Frage ist natürlich: Wie lange lässt sich eine Familie vom Bett aus beherrschen?

„Wann gibt's was zu essen?“ schreibe ich mit zittriger Hand. Meine Frau liest den Zettel und schaut mich achselzuckend an. Sie kann die Schrift nicht lesen. Ich bin ihr ausgeliefert.

„Soll ich den Arzt holen?“ fragt sie scheinheilig, als ob er kein Auto hätte, der Arzt. Ich bin wirklich schwer krank. Viel mehr könnte ein Facharzt jetzt auch nicht feststellen. Aber womöglich weniger. Und das Risiko will ich nicht eingehen.

„Ich brauche dich …“, sagt meine Frau.

Ja, ja, denke ich und stelle mich schlafend. Wahrscheinlich soll ich wieder irgendwelche schweren Blumenkübel verschieben. Nicht mit mir.

Ich schlafe ein.

Am Nachmittag taucht sie schon wieder auf.

„Und? Besser?" – Sie steht am Bettrand. Das ist für ihre Verhältnisse schon sorgenvoll. Ich überlege, was es wohl abends im Fernsehen gibt und wo der Apparat stehen könnte.

„Komm, steh jetzt mal auf", sagt sie und reißt das Fenster auf. „Ich will die Betten frisch beziehen."

Ein abgezogenes Bett, nicht mit mir! Ich kann das nur verhindern, indem ich einen schweren Steckhustenanfall vortäusche.

Keine halbe Stunde später kehrt sie zurück und fragt:

„Sag mal, heute ist doch die Party von Beate und Thomas. Wusstest du das?"

Sie riecht gut und sieht schon ziemlich flott aus, obwohl erst ein Auge geschminkt ist.

Eine Party?! Plötzlich spüre ich ungeahnte Kräfte in mir. Mit einem Sprung bin ich aus dem Bett und stehe. Schwindelfrei. Einmal Schneuzen noch, ein letzter Steckhusten unter der Dusche. Ich bin wieder da!

„Gib mir zehn Minuten!" schreie ich mit meinem gesunden Organ.

Ach Gott, manchmal braucht man auch einfach einen guten Grund, um wieder gesund zu sein.

Es geht auch ohne ECE

Heute ist ein schöner Tag. Genau richtig für einen Gang in die Stadt, oder? Aber wenn Sie jetzt noch in Ruhe frühstücken wollen, dann kann ich Ihnen auch ein bisschen über die Zukunft verraten. So wie ich sie gerne hätte ...

An einem sonnigen Tag werde ich mit dem Elektroauto in die Stadt fahren. Ich habe es mit Solarstrom aus eigenen Dachziegeln betankt. Nach geräuschloser Fahrt erreiche ich den „Binger Schlag". Dort gibt's nur noch eine Tankstelle, man kann wählen zwischen Solarstrom, Windstrom oder Golfstrom. Vor dem Intercity-Hotel auf der VW-Brache steht inzwischen ein Studentenwohnheim namens „YIP" („young and intelligent people"), das kombiniert ist mit einem sehr günstigen Hotel namens „YIL" („young people in love"). Dahinter eine kleine Polizeiinspektion „YIT" („young people in trouble").

Das Konservatorium hat mit dem Parkhaus getauscht und liegt jetzt hinten im Grünen, Jazztanz und Gesang werden auf der Taubertsberg-Wiese unterrichtet. Stadteinwärts führt eine Untertunnelung der Binger Straße zum Hauptbahnhof, die eine ampelfreie Fahrt bis zum Westeingang garantiert. Juhu!

Die kleine Mucki-Bude aus dem ehemaligen Karrell-Gebäude hat sich mit „Decathlon" zu einem „Sport-Space-Center" zusammengeschlossen.

Weiter geht's in Richtung Münsterplatz. In einem luftigen, frauenfreundlichen Parkhaus (nur für kleine E-Autos!) lasse ich den Wagen stehen. Der ehemals unschöne Verkehrsknotenpunkt zwischen Sparkasse und Telekom-Hochhaus hat sich gewandelt zu einem einladenden Stadttor, ein beliebter Treffpunkt für alle, die von hier aus zu Fuß einkaufen wollen.

Das Finanzamt zeigt sich überraschend kundenfreundlich und veranstaltet vierteljährlich im Voraus bezahlte „Steuer-Ernte-Dank-Feste", um sich bei den Bürgern für die Nachzahlungen zu bedanken.

Auf der Großen Bleiche ist ein großes, schickes Möbelgeschäft, vielleicht sogar mehrere, in einem „stilwerk" eingezogen.

Wir biegen ab in die Große Langgasse. Hier pulsiert das Leben, rechts und links der Straße haben sich interessante Einzelhändler (Herrenmode, Waffen und Dessous) angesiedelt. Auf den breiten Bürgersteigen stehen Platanen (!), kleine Imbiss-Läden, Obst- und Gemüsehändler aus ganz Europa – auch Griechen!

In der voll ausgebuchten Residenz-Passage werden wieder und nur gute Filme gezeigt. Für die Außengastronomie stehen jedem Pächter weit über 200 Außensitzplätze zur Verfügung.

Jetzt geht's in die Ludwigsstraße. Ach, ist die schön geworden!

Karstadt hat sich neu erfunden; kleiner, schicker und exklusiver, u.a. mit einer großen Gourmet-Wein-Abteilung in einem der neugebauten Pavillons. In einem anderen Glaskasten hat sich ein großer zweigeschossiger Apple-Store angesiedelt. Mitten auf dem Platz eine Art „Kinderparadies" auf Waldorf-Basis, wo die Kinder lernen, sich die Hand zu geben und sich dabei in die Augen zu schauen.

Wo früher die Deutsche Bank vor sich hin wurschtelte, ist das Grandhotel „Pariser Schuh" (und Mombacher Fieß!) entstanden, ein Fünf-Sterne-Haus mit angeschlossenem Kostüm-Verleih für auswärtige Gäste, die die Lu auch nachts brummen lassen.

Das Staatstheater bietet ab 22 Uhr stündlich wechselnde Varieté-Shows an – „Mainz for strangers" (also Wiesbadener). Vom Theaterdach kommt alle Woche ein großes Wohnbau-Feuerwerk! Ein Spitzenrestaurant „Maus on Mars" mit Marienborner Molekular-Küche im Osteiner Hof rundet die neue Prachtstraße ab. Dass die ganze Anlage dann „Reichow-Platz" heißen wird, darauf muss ich, glaube ich, niemanden stoßen. Noch Fragen? Details und Baupläne auf Anfrage.

Eine Schule aus Glas

Die Einstellung, dass eine Schule rein staatlich, also frei von nützlichen Kooperationen mit Unternehmen arbeiten soll, finde ich nicht mehr zeitgemäß. Dass das Gymnasium Gonsenheim jetzt Otto-Schott-Gymnasium heißen wird, halte ich für eine gute Idee.

Der Schott-Konzern ist seit Jahrzehnten ein wichtiger Arbeitgeber in Mainz und nach meinem Kenntnisstand frei von nationalsozialistischem Gedankengut. Aus dem Nachnamen des Vorstandsvorsitzenden, Prof. Ungeheuer, sollte man zudem keine falschen Schlüsse ziehen. Der Mann ist absolut harmlos.

Viel unrühmlicher erscheint mir allerdings die Tatsache, dass im gleichen Vorort Gonsenheim, in dem jetzt um Erich oder Otto gestritten wird, in der Gärtnerei bei Lieschen M. seit Jahrzehnten Neo-Nazis ungehindert ein- und ausgegangen sind.

Eine Schule nach einem Spezialglas-Konzern zu benennen, hat viele Vorteile. Wenn zum Beispiel mal ein Fenster kaputt geht – kein Problem –, dann wird eben ein Reagenzglas eingesetzt.

Die Klassenräume sind lichtdurchflutet, sowohl die Unterrichtsinhalte als auch der Lehrkörper sind durchschaubar. Jedes Kind bekommt zur Einschulung eine Lupe und zum Abitur vielleicht einen mundgeblasenen Führerschein.

Eine gute Schule bietet mehr als Geld und Zinsen. Sie bietet Chancen und einen Charakter. Umso besser, wenn sie über Kontakte verfügt, die über das Kultusministerium hinausgehen.

Aber mit dem gläsernen Otto-Schott-Gymnasium darf die Reihe von Kooperationen nicht zu Ende sein. Viele andere Unternehmen und Persönlichkeiten würden sich ein Standbein ausreißen, um dabei zu sein. Und auf der anderen Seite fehlt vielen Schulen noch ein griffiger Name zum gestärkten Profil.

Der von uns allen geschätzte HAKLE-Konzern wartet sicher nur darauf, eine Patenschaft zu übernehmen, die sich für eine korrekte Nutzung der Schülertoiletten einsetzt. Viele Schüler wirken orientierungslos im Umgang mit Toilettenpapier, sie stopfen versehentlich ganze Rollen in die Abflussrohre, geraten anschließend in Panik, beschmieren die Wände mit Exkrementen und zerschlagen in ihrer Not schließlich auch die Klobrille.

Diese Schüler brauchen Hilfe. Betreute Toilettengänge, wie wir sie aus Seniorenheimen kennen, sind unausweichlich. Der Umgang mit Klopapier könnte in den Chemie-Unterricht einfließen. Wenn gar nichts hilft, dann muss eben das gläserne Toilettenhäuschen mit Web-Cam her!

Sicher findet sich auch ein großes Reinigungsunternehmen, das Interesse daran hätte, Schüler aller Jahrgangsstufen mittels Praktikum in den Umgang mit Wischmopp, Kratz- und Klobürste einzuweisen. Das Herumrobben auf den Toilettenböden, die Entkalkung von Kacheln und Fugen sollte selbstverständlich von einem Orthopäden medizinisch begleitet werden. Und am Ende dieser Entwicklung stünde eine Zusammenlegung von Schüler- und Lehrertoilette. Ein Quantensprung!

Also: Egal, wie eine Schule heißt: Ich wünsche allen Schülerinnen und Schülern in Mainz, dass sie neben Facebook und Ballerspielen auch noch Zeit finden für die Schule. Und Kooperation hin oder her: Die Hausaufgaben müssen sie alleine machen!

Der unruhige Nachbar

Neulich war wieder so ein Tag. Da stimmte einfach alles. Sonne. Warm. So muss es sein! Da hab ich mich in den Garten gesetzt, hab's mir so richtig gemütlich gemacht auf der Liege! Mit Kissen, eins untern Kopf, noch eins unter die Füße. Was zu Trinken daneben und die Krönung: eine frische Zeitung!

Und dann kommt so dieses wohlige Gefühl auf: Die Vögel zwitschern, die Flugzeuge drehen über Stadecken ein, ich lass die Zeitung runtergleiten, war gerade so am Einnicken …

RRRUMMMMMS – ging beim Nachbarn der Rasenmäher los!

So ein Mist! Als ob er drauf gewartet hätte.

„Jetzt schläft er, hähä. Jetzt kann ich anfangen, hihi." Mit abgesägtem Auspuff und tiefergelegt.

Gut. Ich war also wach. Hab wieder angefangen Zeitung zu lesen und gedacht: Das kann ja nicht so lange dauern. So viel Rasen hat er nicht.

Keine 30 Minuten später fängt er an zu KÄRCHERN!

Er ist eigentlich ganz nett. Ein älterer Mann, vorne an der Tür ganz lieb. Aber hinten im Garten wird er zum Tier! Zwei Tage hat er vier Platten bis zur Unkenntlichkeit durchgekärchert! ZWEI Tage. Ich hab's ausgerechnet: Wenn er alle Platten in dem Tempo abkärchert, dann braucht er'n halbes Jahr! Dann kann ich schon mal den Garten verpachten. Dann hab ich eh nix mehr davon! Aber irgendwie hat er's wohl mitgekriegt, dass mich das stört. Denn er fing plötzlich schuldbewusst an zu häckseln. Ganz kleine Äste. Das ist so, als wenn man Hackfleisch nochmal durch den Mixer schickt! Nach 'ner Viertelstunde HÄCKSELN hat er schon nix mehr gehabt. Da hat er noch einen alten Biertisch durchgehäckselt!

Dann kam er und hat mich scheinheilig gefragt, ob ich noch was hätte zum Häckseln. „Ja", hab ich gesagt, „ich hab noch einen alten Nachbarn! Aber den müßt man erst zersägen!"

Am nächsten Tag, da war es ganz ruhig. Ganz still. Sehr verdächtig. Ich gehe ans Fenster und versuche, ihn mit dem Feldstecher zu orten. Es dauert nicht lange, bis ich ihn im Visier habe. Er lag auf dem Rasen. Was sollte das? Wollte er tatsächlich „Ruhe geben"? Nach einer Weile fasse ich Vertrauen und baue meinen Schlafplatz auf. Ganz leise, so dass er es nicht merken konnte.

Plötzlich – BUMMMMM – krachte es. Mich hätt's fast von der Liege gerissen. Er hatte ohne jede Vorwarnung eine Maulwurf-Rakete gezündet. Das hat so einen Schlag getan, dass mir drei Büsche hinten am Kompost abgesackt sind.

Der Nachbar hat auch eine Frau, die sogenannte Nachbarin. Mit ihr scheint es eine ganz klare Arbeitsteilung zu geben. Sie wischt und moppt im Haus. Er häckselt und kärchert und bombt sich draußen durch den Garten. Ich spielte mit dem Gedanken, sie mit einem Laubsack zu kidnappen. Aber ich war mir nicht sicher, ob er sie auslösen würde.

Es war an einem herrlichen, sonnigen Mittwochnachmittag, als der RIGA-Kran vor seinem Haus hielt und einen riesigen Häcksler in den Garten abseilte. Ein wahnsinnig teures Gerät mit Einzelblatt-Einzug. 300 Baumsorten – nur vom Feinsten. Das Problem war nur, dass er gar keine Bäume mehr im Garten stehen hatte, sondern fast nur noch Krater. Aber er hatte sich auch noch Holzabfälle bestellt und am nächsten Tag begann er parallel mit dem Kärcher und Häcksler zu arbeiten. An der Hecke stand noch ein Leiharbeiter mit Motorsäge.

So, hab ich gedacht, nun ist die Zeit reif für eine Lektion. Ich besorgte mir fünf Maulwürfe, drei Marder und einen Fuchs, dazu noch einen Schwarm gieriger Papageien aus Wiesbaden-Biebrich und telefonierte mit mehreren Taubenzüchter-Vereinen. Durch Zufall gelang es mir noch, eine Rotte von Wildschweinen kurzfristig zu engagieren. Im Schutz der Dämmerung führte ich die Tiere unauffällig auf sein Grundstück. Sie glauben nicht, was für einen Spaß die bei ihm hatten. Ich habe nie wieder auch nur einen Mucks aus seinem Garten gehört.

Stadtnahe Demenz

Jetzt stehen und sitzen sie alle vor Gericht, die alten Entscheider, die Ehrenbürger und Honorarkräfte der Stadt Mainz. Manche angeklagt, manche noch nicht angeklagt und ganz viele Unschuldige. Ganz viele Lämmer. Schweigende Lämmer.

Noch einmal läuten die Gerechtigkeitsglocken, bevor die alten Männer mit dem schlechten Gedächtnis in Vergessenheit geraten werden. Rainer Laub verkauft sich als gehorsamer Diener der Stadt Mainz. Der, der mit dem Aufsichtsrat tanzen musste ... Ein kleiner Erfüllungsgehilfe, eine Speiche im großen Mainzer Rad.

Hm, dieser Mann will nur gedient haben? Komisch, bei mir hat er immer den Eindruck eines wichtigen Entscheiders hinterlassen. Ein Baulöwe außer Rand und Band, der einfach mal seine Jugendträume in den Sand setzen wollte!

Ein weiteres Opfer der „beispiellosen Hetzkampagne" ist Jens Beutel. Er opfert jetzt seinen Ruf als Oberbürgermeister dem eigenen Fell, denn je gewissenhafter er sich in einer gerichtlichen Befragung darstellen würde, desto mehr würde er in den Strudel der Ermittlungen gerissen. Ein klassisches Dilemma! Beutel spielt also den Bonvivant: „Weiß ich doch nicht, hat mir doch keiner gesagt, kann mich an nix erinnern ..." Ist denn so etwas vorstellbar? Dass ein OB die Einweihung einer VIP-Tribüne vornimmt, die sein stadtnahes Unternehmen finanziert hat, eine schwungvolle Rede hält und als einziger nicht weiß, was das Ding gekostet hat? Derf isch amohl lache? Es ist diese heiße Mischung aus Gedächtnisverlust, Erinnerungslücken und Blackouts, die die letzte Amtszeit von Beutel ausschmückt.

Und ich sage Ihnen, liebe Leser, voraus, dass alle in diesem Prozess noch auftretenden „Ehrenbürger" eine Gemeinsamkeit haben werden: Sie werden alle aus einer Affenfamilie sein: Sie haben nix gehört, sie haben nix gesehen und sie haben auch nix gesagt. Vor allem in den entscheidenden Sitzungen, da waren sie alle krank. Oder sie haben auf die Risiken hingewiesen, aber mit so leiser Stimme, dass man sie nicht hören konnte.

Wir haben es hier mit einem Fall von stadtnaher Demenz zu tun! Gut, das kommt in den besten Familien vor. Dann müssen wir auch reagieren. Pflegestufe 1! Irgendjemand muss Jens Beutel in seinen letzten Tagen einen Zettel auf den Schreibtisch legen, wo draufsteht: „Du bist Oberbürgermeister" und

„Hier ist das Rathaus". Und man muss Rainer Laub einen Zettel hinlegen, auf dem steht: „Hallo! Du warst früher ein cholerischer Despot, ein geltungssüchtiger Zampano, das hast du all deine Untergebenen, deine Abhängigen spüren lassen. Vergiss das gefälligst nicht! Und von den anderen hast du Quittungen gesammelt, hast dir kleine Notizen gemacht. Du hast Leute geduzt, umarmt, bis sie Schwächen gezeigt haben, die du wie Treuepunkte gesammelt hast."

Meine lieben, ehrhaften Mainzerinnen und Mainzer, wir können uns nur ausmalen, was da für schmierige und korrupte Verhältnisse geherrscht haben. Die Verantwortlichen, die Drahtzieher werden bis ins Grab alles abstreiten, sie werden sich als Samariter darstellen bis zum letzten Prozesstag. Was bleibt von ihnen, den mittelmäßigen und halbseidenen Gestalten: Ein weißer Uhu-Streifen am Hintern, mit dem sie auf ihren Sesseln geklebt haben, ein bisschen Salz von den Tränen der Ergriffenheit, die sie über sich selbst geweint haben. Und es bleibt die Verachtung derjenigen, die es sich leisten können, ein anderes Leben zu führen. Wir sind 99 Prozent!

Eine kleine Ehrenrettung

Während ich diese Zeilen schreibe, sitze ich in einem Zug nach München. Natürlich kreisen meine Gedanken um die Stadt Mainz, denn ein richtiger Mainzer spiegelt die ganze Welt, mindestens aber jede andere Stadt an der Heimatstadt. Die Herbstsonne taucht die Landschaft in ein mildes Morgenlicht, katzengleich huscht der ICE über die Gleise. Die Verspätung beträgt drei Minuten. Damit kann ich leben. Vor wenigen Minuten habe ich die attraktive Bahn-Service-Kraft gebeten, mir einen Kaffee zu bringen. Der Bahn-Team-Ticket-Knipser hat mir einen schönen Tag gewünscht. Jetzt kommt der Kaffee schon und als ich die geforderte Summe ohne Klage entrichte, kommt mir plötzlich Jens Beutel in den Sinn. Der OB und seine Getränkerechnungen! Da war letzte Woche oft die Rede davon, dass er ein paar Gläser Wein nicht bezahlt hat. Und jetzt melden sich immer mehr Menschen und erinnern sich daran, dass er nicht bezahlt hat. Ich finde diese Diskussion ziemlich unwürdig.

Ein geachtetes Stadtoberhaupt wird gerne eingeladen, man empfindet seine Anwesenheit als große Ehre und ist bemüht, ihm die wertvolle Zeit, die er einem kleinen Kreis widmet, möglichst angenehm zu gestalten. Ein Oberbürgermeister führt Hunderte von Gesprächen, stellt sich gutgelaunt und wohlmeinend an jeden Sektstand, zu jedem Minigolf-Vereinspräsidenten und vor jede Blechblas-Bauchtanzgruppe. So schmückt sein Bild Woche für Woche die Zeitung. Er hält Schecks und den Daumen hoch, er legt Grundsteine, sticht mit dem Spaten in den Schlamm und eilt von einem Jubiläum zum anderen. Er leitet Sitzungen, bekleidet ca. eine Million Ehrenämter und muss 800.000 Mal am Tag kleine Ansprachen halten, mal sachliche, mal launige Kommentare abgeben. Alle wollen immer was von ihm. Wenn er nicht für einen Fotografen posiert, dann verwandelt er sich auch noch in einen Verwaltungshengst, der den Wust von bürokratischem Wahnsinn auf seinem Schreibtisch abarbeiten muss. Tausende von Entscheidungen sind ständig und gewissenhaft zu fällen. Schließlich steht er morgens, mittags und abends an irgendwelchen Bistro-Tischen und schiebt sich ein Schnittchen nach dem anderen in den Mund. Mal abgesehen von den 8 Millionen Weingläsern, die er angeboten bekommt …

Es ist selbstverständlich, dass er nicht jedes Mal sein Portemonnaie zücken muss, um die Zeche zu bezahlen, womöglich noch die ganze Runde einlädt. Ein Oberbürgermeister bekommt für diesen hohen Aufwand, den er leistet – und leisten will – kein außergewöhnlich hohes Gehalt. Ich kenne andere, die für weit weniger Leistung ein Vielfaches seines Gehaltes bekommen. Es gibt Leute, die werden auf Kosten der Steuer- oder Gebührenzahler aufwändig auf sogenannten „Elefantenfriedhöfen“ geparkt. Sie erhalten dafür ein „Schweinegeld“ (man könnte auch Schweigegeld sagen) und liegen dafür den ganzen Tag auf der „faulen Haut“.

Jens Beutel hat sich über Jahre für unsere Stadt eingesetzt, er hat diese Position zuverlässig und nach bestem Gewissen ausgefüllt. Ich kenne ihn als gelegentlich tapsigen, aber zuweilen sehr humorvollen Menschen, der nicht zu verwechseln ist mit den durchtriebenen, kleinen Schlaumeiern, die sich täglich durch die Stadt schlagen, um einen kleinen Vorteil daraus zu ziehen.

Aber – und das will ich damit sagen – die lange Amtszeit von Beutel hat ihre Spuren hinterlassen. Nicht nur in der Stadt, sondern auch bei ihm. Wenn ich Oberbürgermeister von Mainz werden wollte, dann würde ich mich jetzt mal langsam in Stellung bringen. Kommt raus und zeigt euch, liebe Kandidaten! Wir freuen uns doch schon alle auf den frischen Wind. Und je früher wir euch kennenlernen, eure Pläne und Visionen, vielleicht auch eure Haltung, desto lieber wählen wir euch.

Was mir so durch den Kopf geht

Also über den Herbst kann man sich doch eigentlich nicht beklagen. So ein schönes Wetter. So ein schönes Herbstlaub. Und Halloween ist auch vorbei. Das war ja fast wie eine kleine, vorgezogene Mini-Kampagne, als die Kinder so angemalt und vergruselt durch die Straßen gelaufen sind. Wir haben am Montagabend auf Drängen eines einzelnen jungen Mannes auch noch eine Halloween-Übernachtungsparty veranstaltet.

Mm, manchmal frage ich mich, ob das wirklich sinnvoll ist? Warum müssen 14 Kinder in einem Raum übernachten, wenn sie eigentlich gar nicht vorhaben zu schlafen? Am nächsten Tag hängen sie dann alle völlig erschöpft in den Seilen oder geistern nervenschwach durch die Landschaft. Mein Gott, diese Kinder müssen irgendwann mal 50 Millionen Rentner ernähren, die brauchen ihren Schlaf. Gut, also viele der süß-sauren Gäste kamen am Montag schon erkältet, der Rest hat sich angesteckt. Aber das ist den Kindern auf eine fast schon interessante Weise egal. – Ich verstehe die Halloween-Philosophie immer noch nicht ganz. Was ist denn so interessant daran, dass Kinder von Haus zu Haus ziehen, dem Nikolaus die Schau stehlen und mehr Süßes bekommen als Saures? Und vor allem drücken sie zum Dank auch noch eine Tube Zahnpasta in den Briefkasten derjenigen, die ihnen eben noch was zugesteckt haben. Ist das Vollknödeln der Autos mit Rasierschaum und Klopapier eine „typisch amerikanische Lebensart"? Aber ich will nicht spießig werden. Nicht hier! Dann lieber im kleinen Kreis zuhause.

Überhaupt: Neulich habe ich gelesen, dass sich der Spiel- und Abenteuerradius eines Kindes in den vergangenen 30 Jahren dramatisch verkleinert hat. Früher lag er bei 10 Quadratkilometern, jetzt nur noch bei wenigen Metern, in Einzelfällen würde ich sogar von Quadratzentimetern sprechen. Bei vielen reduziert sich der Auslauf auf einen Fingerspaziergang auf dem Touchpad! Aber ich nenne hier keine Namen, sonst kriege ich Ärger.

Dieser Herbst ist ideal dazu geeignet, die Kinder zu langen Spaziermärschen zu zwingen, sie anfangs mürrisch, am Ende begeistert durch die Wälder zu jagen! Oder am Samstagvormittag auf dem Markt rumstehen, mit einer warmen Jacke und einfach nur von Stand zu Stand zu schlendern, ein paar überraschende Begegnungen, kleine Gespräche, ein Blick über die fortschreitenden Domrestaurierungsarbeiten, ein besorgter Blick hinüber zu den Markthäusern. Und natürlich der scharfe Blick über das Höfchen: Ist das ganze Karstadt-

Ensemble abbruchreif oder nicht, was könnte stehen bleiben, woran knüpft man schöne Erinnerungen?

Das politische Mainz hat sich beruhigt. Nachdem zur letzten Jagd geblasen worden ist, kehrt jetzt Ruhe ein. Die OB-Kandidaten rüsten sich, führen Hintergrundgespräche, wer unterstützt wen, wer hilft wem weiter, wer verzichtet zugunsten von wem und was. Da würde ich jetzt gerne mal in den Hinterzimmern dabeisitzen. Mainz erfindet sich jetzt vielleicht neu, es könnte eine Aufbruchstimmung herrschen, ein Neuanfang.

Ach, wäre das schön, wenn wir im März einen hätten, der es richtig gut kann. Einer, der keinen kennt, wo oonä gekennt hot. Einer, der ganz frisch ist, der mit niemandem verwandt ist. Der überhaupt noch nie in der Stadt war. Der sich auch nicht auskennt. Tja, das kann eigentlich nur ein Wiesbadener sein. Aber ob wir das hier durchsetzen können? Das geht nur mit einer Volksabstimmung. Und da weiß ich jetzt schon, wie die ausgeht.

Die Steuerung der Hunde

Also nochmal zur Anhebung der Hundesteuer: Dass jetzt unsere treuen Vierbeiner zur Kasse gebeten werden, um die Finanzlöcher zu stopfen, das finde ich skandalös! Es darf doch wohl nicht wahr sein, dass Bello die Zeche für die schlampigen Herrchen und Dämchen zahlt. Die vielen kleinen süßen Vierbeiner, die Schnuffis und Wuffis mit ihren treuen Augen, ihren nassen, warmen Schnauzen sind am Ende die Dummen. Die putzigen Möpse und Windspiele, die bei Sturm und Schnee zitternd im Kinderwagen durch die Gemarkung geschoben werden, die trifft es mal wieder am härtesten. Viele Hunde stehen nach den Ratsbeschlüssen fassungslos vor ihrem Napf und fragen sich: „Was habe ich Herrchen denn getan?"

Was wir brauchen, ist eine Sondersteuer für Volltrottel auf zwei Beinen. Seit Jahren fordere ich, dass Leute, die mit dem Laubbläser durch die Gemeinde tröten, eine Tyrannosaurus-Rex-Sondersteuer blechen. Eltern mit fetten Geländewagen, die ihre übergewichtigen Kinder jeden Tag mit dem Auto in die Grundschule fahren, denen sollte man eine Verweichlichungs-Steuer B (wie Baby) aus der gefütterten Tasche ziehen. Tiefergelegte Raser, die es auf schwerbepackte Erstklässler abgesehen haben in den Finther Serpentinen, für die gibt's eine Spargel-Stich-Steuer S!

Den Fluggesellschaften, deren Charter-Blechvögel eine Schneise der akustischen Verwüstung hinterlassen auf dem Lerchenberg, in Bretzenheim, über Laubenheim und Hechtsheim, denen sollte man mal die Luftsteuer B erhöhen.

Alle ehemaligen Oberbürgermeister, die erstaunlich günstig an ihr Grundstück gekommen sind, sollten eine kleine Erbpacht-Sondersteuer abdrücken. Handwerksbetriebe, die jahrelang durch Bestechung und Spundekäs-Gewurschtel ihre Aufträge bekommen haben, sollten einmal im Jahr von Saulusheim nach Paulusheim pilgern.

Und was fällt der sogenannten „Ampel-Komplikation" ein? Die Erhöhung der Hundesteuer! Da husten ja die Flöhe!! Dann kommt als nächstes noch die Meerschweinchen-Steuer oder eine Goldfisch-Abgabe!?

Spaß beiseite, natürlich sind die Hunde-Fanatiker eine tolle Geldquelle, aber dann bitte richtig schröpfen, denn Kleintier macht auch Mist: Einmal Bellen im Garten 10 Euro, Schnappen am Bein 50 Euro. Ich kenne einige Hunde, die mich immer anspringen auf dem Spaziergang. Warum dem Herrchen („Der macht nix!") nicht mal eine 100-Euro-Verwarnung vor den Latz knallen. Und schließlich noch die Notdurft-Verrichtung im Vorgarten. Das ist doch eine

Goldader! Wenn der Hund auf frischer Tat fotografiert wird, dann fällt eine Pippifax oder Kackibär-Steuer oo an. 1000 Euro pro abgeworfenen Haufen! Boing!!

Was glauben Sie, wie schnell die beim nächsten Mal die Hand drunter halten. Und was ist eigentlich mit den ganzen doofen Katzen*, die immer unversteuert auf den Autos rumhocken? Da könnte man auch mal was machen: Beim dritten Mal erwischt, kriegt die Katze die Pfote abge ...Hoppla!

Und noch etwas: Die Vergnügungssteuer in Mainz zu erhöhen, das ist ja wohl wirklich das Allerletzte! Denn was bleibt den lebenslustigen Mainzern denn sonst, als sich angesichts dieser anhaltend frustrierenden Narrenfestspiele im Rathaus ab und zu mal die Kante zu geben? Die einzige Art, wie man als Bürger dieser Stadt das ewige Hin und Her, das Hü und Hott der Polit-Esel ertragen kann, ist eine schnelle Fahrt im Kettenkarussell!

---

* *Das nehme ich teilweise zurück, einige Monate später haben wir zwei Kater bei uns aufgenommen. Die sind natürlich nicht doof.*

Männer ohne Chance

Männer sind eigentlich ganz einfach, hab ich neulich gedacht. Wenn sie klein sind, liegen sie auf der Erde und machen Autobrummgeräusche, wenn sie mittelgroß sind, dann liegen sie auf Sitzsäcken und gammeln vor sich hin. Und wenn sie groß sind, gehen sie arbeiten und trinken abends Bier und gucken Fußball.

Bei Mädchen ist das anders. Sie sind fortschrittlicher. Sie wollen basteln, wollen ausschneiden, interessieren sich für Blätter, Nüsse und Kastanien. Mädchen wollen ihr ganzes Zimmer in lila haben. Alle Pferde, alle Puppen müssen aus lilanen Augen gucken. Wenn's nach kleinen Mädchen ginge, dann wäre die ganze Welt lila.

Man darf nicht vergessen, dass in jedem Mädchen bereits eine Frau angelegt ist. Kleine Mädchen verführen, kleine Mädchen wollen erobert werden! Sie bocken. Sie zicken manchmal rum. Wenn sie geärgert werden, dann schreien sie lauter als nötig. Wenn sie weinen, dann ist es besonders schlimm. Wenn sie hinfallen, dann muss eigentlich der Krankenwagen kommen, mindestens aber ein Kühlkissen, im Winter ein Wärmekissen. Oder ein Schokoladenhäppchen. Wenn die Jungs größer werden, werden sie wissbegierig. Ab der siebten Klasse wollen sie ganz genau wissen, was mit einer Puddingschüssel passiert, die bei 180 km/h ohne Anschnallgurt auf eine Mauer prallt. Interessant, oder?

Bei Mädchen findet die Entwicklung im Badezimmer statt. Immer öfter fällt der Blick in den Spiegel. Und am Ende brauchen sie ihn gar nicht mehr. Sie ahnen bereits, dass sie der Mittelpunkt der Erde sind bzw. sein werden. Schönheitswettbewerbe sind unter Mädchen ganz klar definiert: Wer die längsten Haare hat, hat gewonnen! Die Vorbereitungen für die Schule werden immer aufwändiger. Vor dem Spiegel meine ich natürlich. Verbringt ein fünfjähriges Mädchen etwa drei Minuten im Bad, hat sich der Wert bei einer 16jährigen schon verzehnfacht. Die Zeit, die vor dem Spiegel verprasst wird, holen sie bei den Mahlzeiten wieder rein. Sie reden schnell und gehetzt, meistens läuft unterm Tisch noch eine SMS-Korrespondenz.

Mädchengehirne wachsen schneller als die von Jungs. Sie haben ehrgeizige Ziele: Sie wollen nicht nur gut aussehen, sondern auch noch gut aussehen.

Mädchen drängen nach oben, sie ahnen, dass sie irgendwann mal die ganze marode Männerwelt übernehmen müssen. Mit einer Mischung aus amerikanischen TV-Serien und schwedischen Kriminalromanen reift ihr Weltbild heran.

Aber im Gegensatz zu den Jungs, die sich kaum noch aus dem Sitzsack heraushangeln können, treiben sie viel Sport und essen ganz viel Obst. Im Biologie- und Ethikunterricht wird richtig gut aufgepasst.

Bei uns kommt es in jüngster Zeit auch zu kleineren Seminaren am Abendbrottisch. Neulich hat unsere älteste Tochter einen Anti-Fleisch-Vortrag gehalten. Mitten in der Diskussion, in der sie – zurecht – die industrielle Fleischproduktion beklagte, hat sie mir gesagt: „Lies erst mal das Buch, bevor wir weiterreden."

Machen wir uns nichts vor, meine Herren, unsere große Zeit ist vorbei! Was jetzt noch kommt, ist Möbel verschieben, ständige Fahrbereitschaft und größere Überweisungen für Auslandsaufenthalte.

Soweit meine Beobachtungen. Ich muss jetzt Schluss machen. Die Mädchen kommen ...

Die Wahrheit über den großen Knall*

Viele Menschen haben sich am vergangenen Mittwoch gewundert über diesen lauten Knall. Bis heute ist nicht wirklich klar, was dazu geführt hat.

Also: Soweit ich herausbekommen konnte, muss der Sultan von Oman am Mittwochmorgen total schlechte Laune gehabt haben. Hitzewallungen oder so was Ähnliches, das kennt man ja in den arabischen Ländern. Vielleicht lag's auch an einer Sultanine, die ihm irgendwie quer kam, wer weiß.

Der Ölprinz lässt sich also eine Boing 747 bereitstellen, um nach Brüssel zu fliegen. Das einzige, was den Arabern hilft gegen ihre Wüstendepressionen sind belgische Trüffel. Der Kalif landet also in Brüssel, fährt mit der Stretch-Limousine in einen 5-Sterne-Teppich in der City. Sein Privatpilot, nennen wir ihn Krachmed oder Lerm-el-Arab, steht irgendwo am Flughafen in einem Stehbistro und hat sich gerade einen alkoholfreien Ramadan (oder wie die Dinger heißen) bestellt.

Der Sultan kommt also schließlich völlig zugedröhnt mit Trüffeln aus der Stadt zurück, lässt starten und über der Eifel fällt ihm ein, dass ihn ja seine Lieblingstochter Aisha schon seit Wochen damit löchert, dass sie so gerne einen Wolkenkratzer zu Weihnachten haben will. Also lässt der Chef-Scheich den Piloten kurzerhand nochmal einschwenken über Frankfurt, um sich ein paar Skyscraper anzuschauen. Besonders die Türme der Deutschen Bank haben es ihm angetan. So, bis dahin alles ganz normales Scheichtum.

Jetzt aber gibt es Ärger im Cockpit. Die arabische Stewardess bleibt wegen Vollverschleierung an der Tür hängen und schüttet Pilot Krahmed Lerm-el-Arab den heißen Kaffee über die Buxe. Der verreißt das Lenkrad und die Boeing 747 (warum ist das eigentlich kein Airbus, haben die wieder die Ausschreibung verloren ...?) nähert sich dem Büro von Josef Ackermann. Ackermann hat ebenfalls gerade die Buxe voll, weil er ständig Post kriegt aus Italien und alarmiert sofort die Bankbürgschaft äh Flugbereitschaft. Weil aber gerade alle deutschen Phantomflugzeuge unterwegs sind, um für Angela Merkel den europäischen Rettungsschirm am Sternenhimmel zu befestigen, bitten die Deutschen die belgischen Kollegen um Beistand. Die belgischen Piloten haben aber, ähnlich wie die belgischen Autofahrer, alle keinen gültigen Jagdflugzeug-Führerschein und wissen nicht genau, wo Frankfurt liegt.

Jetzt wird's brenzlig: Der schlechtgelaunte Kaschmir muss während des Flugs erfahren, dass sein gesamter Harem (natürlich wieder wegen Vollverschleierung) die Treppe runtergefallen ist, er gibt sofort Befehl zur erneuten Kursänderung in Richtung Oman. Oman liegt – ähnlich wie Opan – südlich von Frankfurt. Also muss Mainz überflogen werden.

In der Landeshauptstadt ist dicke Luft: Erstens wollen die gerade eine Hundesteuer für Herrchen einführen, zweitens soll der Blumenschmuck bei den städtischen Einrichtungen gestrichen werden. Ansonsten Handkäs as usual: Die Mainzer laufen über den Markt, trinken Glühwein und essen Schweinebratenbrötchen.

Nochmal die Situation im Überblick: Der Sultan von Oman rast auf die Türme der Deutschen Bank zu, die belgische Luftwaffe nähert sich über die A 61 von links unten, um die Boeing 747 abzufangen. In Wiesbaden passiert wie immer nichts! Der belgische Pilot – ohne gültigen Führerschein – zieht an irgendeinem Hebel, die Maschine durchbricht die Schallmauer: PENG! Das schreckt den übermüdeten omanischen Piloten mit dem Kaffeefleck auf der Hose auf, der Scheich ratzt schon und die Maschine dreht ab Richtung Oman. Sultans Liebling Aisha kriegt dann eben doch die Luxusyacht, die Belgier drehen ab Richtung Trüffel. Ackermann geht in Rente und Mainz bleibt Mainz. Wahnsinn, wie das abgeht vor Weihnachten!

---

* *Die Geschichte geht zurück auf einen Überschall-Knall, der ganz Mainz in Aufregung versetzte. Angeblich hatte ihn ein belgischer Jagdbomber ausgelöst. Eine glaubwürdige Begründung für den gefährlichen Tiefflug hat es übrigens bis heute nicht gegeben, so dass die oben genannte Erklärung immer wahrscheinlicher wird.*

Geräusche und Gerüche aus der heimischen Küche

Spüren Sie das auch, die Natur steht still und mir kommt es so vor, als ob die Kinder auch ein bisschen langsamer geworden sind. Sie sind so lieb im Moment. So ruhebedürftig. Sie liegen abends immer so dankbar in ihren Betten. Unsere Kinder suchen immer eine Gelegenheit, sich hinzulegen. Beim Mittagessen legen sie ihre schweren Köpfe in die warmen Hände.

Vielleicht habe ich das auch zu stark vorgelebt. Für mich gibt es nichts Schöneres als auf der Couch zu liegen, eingehüllt in eine schwere Decke und dem ganzen Haushalt einfach nur zuzuhören. Jeder, der was von mir möchte, darf aber gerne mal vorbeikommen. Eine Unterschrift hier, eine kurze Begrüßung für die Nachzügler dort. Aber wenn das Geschirr ein wenig klappert, dann kann ich sehr gut einschlafen.

„Darf ich rüber zu Rosy?" flüstert jemand an meinem Ohr. Kein Problem, du darfst, ihr dürft alles. Ich liebe euch, wenn ich nur hier liegen darf.

Vor ein paar Tagen haben wir Plätzchen gebacken. Was heißt wir: Mir fiel auf, dass sehr viel los war in der Küche und der Geruch hat mich angelockt. Mit Feuereifer stachen die Kinder Plätzchen aus. Ich habe erst zugesehen, dann von der Couch aus eine Weile zugerochen, dann bin ich wieder aufgestanden und habe zugebissen. Lecker!

Tja, der eine hat Freude am Kochen, Backen und Grillen, der andere hat Freude am Essen: Schlecken, Schlingen und Schlucken. Ich gehöre ganz eindeutig zu den Essern. Und das Schöne ist: Mein Körper weiß Bescheid! Ich muss ihm nichts verheimlichen. Aber ich stehe auch gerne in der Küche rum. Wenn meine Frau einen Braten macht, gebe ich gute Tipps: „Leg ihn doch einfach in Milch ein!"

Ich hab keine Ahnung, aber nur, weil mein Gaumen nicht sprechen kann. Er ist ein Experte! Das gilt natürlich auch für Kekse oder Kuchen. Das Wichtigste bei einem Kuchen ist, dass er nicht zu trocken ist. Also muss Marzipan rein beim Stollen, Quark beim Käsekuchen, große Schokoladenbrocken beim Nusskuchen. Ich kann Menschen nicht verstehen, die einen trockenen Kuchen essen können. Ich huste und ersticke fast daran, weil mir die Krümel in die Luftröhre fallen! Ein trockener Kuchen ist für mich lebensbedrohlich!

Genauso sieht's beim Brot aus: Es muss frisch, aber irgendwie nass sein. Wir hatten einen Bäcker hier in Finthen, der leider verstorben ist. Seine „Dänischen

Brötchen", die werde ich nie vergessen! Sie waren formschön und sehr feucht. Es würde mich nicht wundern, wenn auch ein bisschen Fett drin war.

Immer wenn mir was besonders gut schmeckt und ich „Hmmm!" rufe, dann sagt einer, dass da Fett drin ist. Tja, wie sieht denn der Gegenvorschlag aus? Soll ich mir einen 0,001 Prozent fetthaltigen Joghurt über einen Tofu stülpen und rufen: „Ahhh, göttlich!!!"

Nein, liebe Mitesserinnen und Mitesser, ich habe mich entschieden. Mein Leben lang werde ich mich in der Nähe von Küchen und Gerüchen aufhalten und Kuchen suchen, werde mit meiner großen Nase, deren Flügel ich einzeln bewegen kann, schnuppern und rufen: „Hm, lecker. Die Sahne nicht vergessen!!! Und das Fleisch bitte noch früher in der Crème Fraîche ertränken!"

Denn jetzt ist die Zeit. Carpe plätziem! Jetzt zulegen ohne Reue. Noch ein Tipp: Einfach eine dicke Jacke überziehen und drunter einen „dänischen" Pullover! Lassen Sie sich's schmecken!

Ein Weihnachtsmärchen

Es war einmal eine Familie. Die freute sich sehr auf Weihnachten.

Die Kinder hatten lange Wunschzettel geschrieben. Sie wünschten sich Puppen, ferngesteuerte Autos, Flugzeuge, Lego Technik, Handies, Playstations, Laptops und vor allem sehr viel Geld. Auch die Eltern wollten sich ein paar Wünsche erfüllen. Darunter ein neues Auto und ein renoviertes Bad. Dann kam der Heilige Abend. Alle zogen sich sogar etwas Ordentliches an und spazierten in die überfüllte Kirche.

Aber irgendetwas war anders an diesem Gottesdienst. Der Pfarrer sprach leise, das Krippenspiel war – wie immer – unverstärkt und sogar die Orgel spielte nur auf einem Manual. Als der Gottesdienst vorüber war, verließen alle mit ernsten Gesichtern die Kirche. Am Ausgang stand der Pfarrer, gab allen die Hand und sagte: „Ich wünsche Ihnen viel Kraft." Vater und Mutter tauschten einen besorgten Blick und auf dem Heimweg schwiegen alle. Nur die Kinder stürmten vor, denn sie waren aufgeregt und neugierig.

Dann kam die Bescherung. Mit spitzen Schreien sprangen die Kinder durch das Wohnzimmer, geradewegs auf den Weihnachtsbaum zu und wollten ihre Geschenke auspacken. Aber da lagen nur sehr kleine Pakete, mit ganz bescheidenen Gaben. Für das Mädchen ein Stift und für den Jungen ein Holzpferd! Die Kinder weinten, weil sie mit mehr gerechnet hatten.

„Wie soll ich denn jetzt mein Handy aufladen?" schluchzte die Tochter.

„Wer bezahlt mir meine Reitstunden und meine Strähnchen?"

Der Junge knurrte verbissen: „Wie stehe ich vor meinen Freunden da – ohne Laptop? Ohne Power-player ... Wie ein Volldepp!"

Dann ging es zum Essen. Die Mutter hatte Tränen in den Augen, denn sie hatte nur eine Suppe kredenzt. Schließlich stand der Vater auf und sagte: „Ich bitte alle Betroffenen um Verständnis. Frohe Weihnachten ..."

Die Kinder sprangen auf und rannten sofort auf ihre Zimmer, die Mutter nahm eine Tablette und legte sich aufs Bett. Der Vater stand am Fenster und nahm einen tiefen Schluck Wein. Etwa eine halbe Stunde war es ganz still im Haus.

Doch dann – es muss so gegen 20 Uhr gewesen sein – öffnete sich eine Tür und der Sohn kehrte ins Wohnzimmer zurück. Er begann mit dem kleinen

Holzpferd zu spielen. Es ging ganz gut. Kurz darauf kam auch seine Schwester, nahm sich ein Blatt Papier und schrieb etwas mit dem neuen Stift.

Nach einer Weile hatten sich alle beruhigt und setzten sich wieder an den Esstisch. Schließlich fingen die Kinder an, sich zu unterhalten. Und sie erzählten den Eltern Geschichten aus der Schule, von den anderen Kindern aus der Nachbarschaft.

Das hatten sie *lange* nicht mehr getan.

Die Eltern hörten zu, wenn die Kinder redeten.

Das hatten sie *ewig* nicht mehr getan.

Und die Kinder hörten zu, wenn die Eltern etwas erzählten.

Das hatten sie *noch nie* getan.

Am Ende waren alle müde und legten sich gemeinsam in ein großes Bett und kuschelten sich zusammen. Die Kinder kitzelten den Vater ordentlich durch, er zappelte mit den Beinen und musste so laut lachen wie schon seit Jahren nicht mehr. Nach einer Weile schmiegten sich die Kinder an die Eltern und schliefen glücklich ein. Da gab die Mutter dem Vater einen innigen Kuss – das hatte sie lange nicht mehr getan – und flüsterte: „Ach, wäre doch jedes Jahr Finanzkrise ..."

Kleine Geschichte des Mannes

Heute will ich Ihnen die Welt des Mannes ein bisschen näher bringen. Und zwar möchte ich Verständnis wecken für mein Geschlecht. Viele Frauen sind immer noch verwirrt, verstört und letzten Endes auch verärgert über ihren Mann, den Partner, den Ehegatten, den treuen Ritter an ihrer Seite. Warum, weil sie der Meinung sind, dass er zu wenig redet.

Gestatten Sie mir, dass ich etwas aushole: Früher gab es drei Möglichkeiten, um eine Frau glücklich zu machen. Da war zum Einen der Strauß Blumen. Viele Frauen reagieren bis heute mit Begeisterung und Freudenschreien. Der zweite Liebesbeweis waren Pralinen. Und obwohl viele Frauen bei der Übergabe der Schachtel oft überwältigt waren („Was? Für mich? Das darf ich doch nicht ..."), ist uns nicht bekannt, dass irgendwann mal eine Praline übriggeblieben wäre. Der Höhepunkt war das Überreichen einer Schatulle mit Schmuck. Aber nicht irgendwas aus dem Automaten, sondern ein echtes Wertstück. Wenn man als Mann alle drei Dinge gleichzeitig geschenkt hat, sind viele Frauen sofort ohnmächtig geworden. Aber das ist lange her.

Eine moderne Frau aus dem Großraum Klein-Winternheim wird heute anders reagieren. Sie würde vielleicht sagen: „Blumen, Pralinen, Schmuck ... Ja, das sind flankierende Maßnahmen ..." Aber jetzt kommt's. 12 von 10 Frauen wünschen sich einen Mann, mit dem „man auch mal reden kann". Und genau da liegt das Problem. Viele Männer wollen einfach nicht genug reden. Schon gar nicht einfach so über irgendwas.

Es ist aber auch wie verhext. Denn er kann es! Am Anfang – wenn Sie sich mal zurück erinnern – hat er noch ziemlich viel geredet. Der Jäger! Da sprudelt er geradezu. Wenn ein Mann eine Frau anspricht, dann gibt er sich richtig Mühe. Er kann ihr die ganze Welt erklären, mindestens aber einen kleinen Pumpenkreislauf. Es gibt Männer, die regelrecht angeben in den ersten Wochen. Sie erzählen aus ihrem erfolgreichen Leben, zeigen immer wieder auf ihren Oberarm, überhaupt spielt der Verweis auf die Muskulatur eine größere Rolle. Darüber hinaus verfügen viele Männer über Fachkenntnisse im Bereich Automobile und Smartphones. Das war's dann aber auch schon. Kein Wunder, dass diese Eigenschaften in einer Beziehung, in einer Ehe kaum noch eine Rolle spielen.

Der Mann wird schweigsamer. Auch das Lesen wird ihm zu mühsam. Die ehemals vielversprechenden Kenntnisse und Fähigkeiten im Bereich Auto, Motor und Sport verkümmern. Er sitzt nur noch rum. Auf gutgemeinte Fragen von ihr wie „Was soll ich denn mal kochen?“ antwortet er nur noch mit „Pfft!“ oder „Braaaap!“ Wenn Sie jetzt noch Pech haben, dann zieht er sich am Ende in den Keller zurück und bastelt etwas, beispielsweise einen Dom aus Streichhölzern oder er lötet irgendetwas zusammen.

Geben Sie die Hoffnung nicht auf. Ein Mann braucht am Ende mehr Lob als ein Kind. Sollte er am Heiligen Abend mit einem zusammengelöteten Metallklumpen vor Ihnen stehen und murmeln: „Für dich“, dann meint er das auch so. Jetzt heißt es sensibel damit umgehen. Auf keinen Fall rufen: „Ach du Schreck, das dürfen wir gar nicht in die normale Mülltonne werfen!“ Loben Sie ihn, auch wenn es schwer fällt, sonst besteht die Gefahr, dass er nie wieder redet.

Nächste Woche erkläre ich Ihnen, warum Männer nicht frieren.

Winterfestspiele in Mainz – Die Welt zu Gast in Finthen

Guten Morgen, liebe Schneeschieber, Salzstreuer und Pfefferkuchen! Ist das nicht herrlich? Die ganze Woche Skiurlaub! Und wie selbstverständlich, wie professionell wir mit diesem Wetter umgehen. Da macht sich einfach bezahlt, dass viele Mainzer über Jahrzehnte Trockenübungen mit dem Besen auf der Straße hinter sich haben. Vielleicht gibt's auch bald einen Schnee-Fön für die Laubblas-Gemeinde.

Als ich am Donnerstag aufgewacht bin, hab ich gedacht, wir könnten doch mal wieder eine Olympiade austragen, hier in Mainz. Es gibt keine Stadt in Rhein-Main, die über eine so geschlossene alpine Bergkette verfügt: Den Lerchenberg (20 m), den Großberg (35 m), den Schuldenberg (720 mio) ... und der wächst sogar noch!

Also vorwärts: Zunächst brauchen wir eine Sprungschanze, das steilste Stück von der Hechtsheimer Straße in Flugrichtung IBM. Eine Abfahrtsrennstrecke wäre ideal an der Laubenheimer Höhe! Biathlon am Rhein bis zur Großen Bleiche, wo sonst? Die Rodelbahn geht durch die Gaustraße, aber bitte nur eingleisig. Das 05-Eisstadion in Bretzenheim ist schon so gut wie fertig. Darüber hinaus kann ich mir eine Anbindung der Nachbarstädte durchaus vorstellen. Warum nicht einen Doppelsessellift von Budenheim nach Eltville spendieren? Die Sportler aus aller Welt wollen auch gebührend empfangen werden. Eine Abordnung von mehreren Garden mit gekühlten Schwellköpfen würde die Begrüßung am Flughafen übernehmen. Großer Eiszapfenstreich!

Hab ich noch was vergessen: Ach ja, Bestechungsgeld für den Fifa-Fußball-Seppl-Filzhut Blatter. Der will nämlich die nächste Winter-Olympiade an den Sudan verkaufen. Wichtig wäre, dass alle Shuttle-Busse Winterreifen drauf hätten, vielleicht sogar Allrad-Antrieb, und für die Frauen Drei-Wetter-Taft! Warum bin ich da nicht längst draufgekommen: Die Zwerchallee als Trainingsgelände für Kleinwüchsige aus Japan und Korea. Das Olympische Dorf wird natürlich auf einer prachtvollen Anhöhe gebaut. „Die Welt zu Gast in Finthen!" Und die Gonsenheimer könnten den Glühwein-Ausschank an den Loipen übernehmen. Hoho. –

Die Wahrzeichen der Stadt müssten offensiv vermarktet werden. Die Olympische Medaille als Kammerpreismünze oder „Goldene Brezel", das Olympische Feuer würde vom Brand zum Mombacher Kreisel gefahren und im Schwimmbad gelöscht. So kann ich mir außerdem vorstellen, dass die Straßenbahnen als mobile Fleischwürste umgestaltet werden. Bei den Sprüngen im Eiskunstlauf bietet sich doch an, dass man auch regionale Persönlichkeiten in die Namensgebung mit einbezieht. Was glauben Sie, wie begeistert die Mainzer mitgehen, wenn sie vor dem Dolomiti am Höfchen einen „doppelt eingesprungenen Ringhoffer“ sehen, einen „vierfachen Strutz“ oder einen „dreifach donnernden Narrhalla“! Und ein Maskottchen müsste es auch geben. Irgendwas rundes, einen dicken Mann. Mm, vielleicht der „Ranzengardist“. Ja, und die Laudatio von Sara ... Naja, Sie wissen schon.

Vielleicht ist das auch alles zu versponnen. Vielleicht sind andere Orte einfach besser geeignet für solche Pläne. Ich habe gehört, dass es Überlegungen gibt, die Eifel als Wohngebiet zu erschließen. Man erzählt sich, die haben da eine große Freizeit-Sportanlage gebaut. Das sei alles schon fertig ...
Ui-jui-jui-jui-jui-jui-jui – Au-au-au-au-au!

Haustiere gegen den Fluglärm

Am Montag ist es soweit: Wir kriegen zwei Katzen. Süß, oder? Es sind Geschwister. Brüder! Der eine ist dunkel, fast schwarz, der andere gefleckt, gestromt oder getüpfelt. Weiß gar nicht, wie man das nennt. Vielleicht sagt man „leicht verkatert". Und dann ist meine Frau losgefahren. In ein Geschäft für Katzenbedarf. Wie doof, hab ich gedacht, solche Geschäfte heißen bestimmt „Cat Walk", „Kätzchens Schätzchen" oder „Miau & Schleck(er)". Auf jeden Fall brachte sie einen Katzenbaum mit. Vom Baumarkt!

Und so ein Katzenbaum, der ist schon gewöhnungsbedürftig. So was wollte ich eigentlich nie in der Wohnung stehen haben. Und einen Sack mit Futter hatte sie besorgt. Wahrscheinlich getrocknete Fische ... igitt! Ich bin eigentlich davon ausgegangen, dass die zwei ihren täglichen Vitaminbedarf mit frisch gefangenen Mäusen decken und sich anschließend die Zähne putzen. Was ist, wenn sie den Katzen-Kratzbaum nicht benutzen? Wenn sie an meine Apple-Produkte gehen? Wenn ein Kater mit der Kralle den Bildschirm zerkratzt! Oder er gerät mit der Tatze auf die Tastatur ... schleckt über den Touchscreen! Oder sie spielen mit der Maus! Wireless!!

Nee, nee, ich werde mir die zwei Kater erstmal vornehmen und mit ihnen reden. Ich werd denen erstmal zeigen, wo der Hund begraben liegt. Oder wie sagt man, wer den Schnurrbart trägt. Ich lass mir doch nicht von zwei Katern das ganze Haus zerkratzen. Die Katzen müssten eigentlich hochintelligent sein. Sie wurden in einem Nephrologen-Haushalt geboren. Auf dem Land! Die sind bestimmt gut zu Fuß. Zu Pfote. Tatze. Oder sagt man Lauf?

Die beiden brauchen natürlich auch Namen. Irgendwas, was man sich leicht merken kann. Vor allem, was man gut rufen kann. Ich habe keine Lust, jede Nacht draußen zu stehen und zu rufen: „Frescobaldi und Capuccino, kommt rein!" Ich könnte ja damit leben, dass sie „Day & Night" heißen, aber wahrscheinlich werden sie sich nicht einig, wer wann raus darf. „Kevin und Mike" geht auch nicht, da drehen sich zu viele Jungen um auf unserer Straße. „L'amour und L'étoile" – nee, das klingt zu unmännlich. Vielleicht „Pussy und Riot", „Benson & Hedges" oder nach ihren Lieblingsmahlzeiten „L'oiseau et l'écureuil" (Vogel und Eichhörnchen). Leicht zu merken wäre sicher „Cindy und Bert". Aber es sind zwei Jungs, was soll man machen. Sie sind bestimmt schön leise. Katzen sind doch immer leise. Und sauber! Ich kenne keine Katze, die den ganzen Tag rumbellt, Haufen auf den Gehweg setzt oder den Leuten ins Bein beißt. Das ist wirklich ein Vorteil.

Es könnten Fluglärm-Kater werden. So wie dieses Murmeltier in den USA, das das Wetter voraussagt, so könnten unsere Kater Flugbewegungen aufspüren in der Nacht. Oder wir nennen sie nach den Flugrouten: Taboum, Krawall oder Buffo und Bouffier?

Wenn sie etwas größer sind, sollen sie in den Waldorf-Katzengarten gehen. Ich bin sicher, dass sie gut zupfen werden. Wahrscheinlich denken Sie jetzt, dass ich die Sache nicht ernst genug nehme. Vielleicht sollte ich schon mal die Bücher aus den Regalen räumen, die Kissen mit Folie überziehen, das ganze Haus von innen katzenfest machen. Ursprünglich wollte ich einen Hund. Ich finde Hunde menschlicher. Sie sind auch unordentlicher. Das passt besser zu den Kindern. Hoffentlich spüren die Katzen nicht, dass ich auch einen Welpen genommen hätte. Ich sehe mich schon ihren Blicken ausweichen, wenn sie abends auf meinen Schoß springen und mich fragend anschauen: „Schnurren oder knurren?“

Ach was, ich freue mich auf die beiden. Und wenn das gut läuft, dann geht vielleicht noch mehr. Einen Panther hätte ich gern am Fenster liegen. Oder einen Stubenlöwen. Aber da sind die Steuern einfach unerschwinglich. Für Löwen zahlt man in Mainz wahrscheinlich 5000 Euro im Jahr. Und da ist der Hebesatz noch nicht eingerechnet. Wissen Sie, was ein Betreuungsplatz für Kleinlöwen kostet? Im Ganztagsgehege? Ich will es gar nicht wissen. Ich warte jetzt erstmal ab, wie das mit den Hauskätzchen läuft. Juhu! Vielleicht kaufe ich noch einen Wollknäuel – als Begrüßungsgeschenk.

Was Kanadierinnen unbedingt wissen müssen

Sie glauben nicht, was bei uns alles los ist im Moment. Also wir haben zum einen diese beiden kleinen Kater und seit neuestem haben wir sogar die Welt zu Gast bei Freunden: Eine Kanadierin! Eine ausgesprochen angenehme Erscheinung, ein Mädchen namens Erika. Das klingt nicht so kanadisch, aber wenn man es ein bisschen einfärbt („Ährica“), dann denkt man sofort an ein reißendes Wildwasser in den Rocky Mountains. Sie kommt aus Prince George, das liegt in der Nähe von ... ähm Kanada.

Als wir zum ersten Mal gemeinsam am Tisch saßen, habe ich ihr eine Flasche Ahorn-Sirup neben den Teller gestellt. Gegen das Heimweh! Aber sie ist schon 17 und „strong“. Wir sind sehr neugierig, etwas aus ihrer Heimat zu erfahren. Umgekehrt will sie natürlich auch etwas über die Verhältnisse in unserer Stadt wissen. Während der Mahlzeiten war ich also gerne bereit, ihr auch ein paar Mainzer Besonderheiten in ihrer Muttersprache zu erzählen. Wir hätten im Moment gerade „elections with three candidates“. Überraschenderweise „one of them was fired.“ So war „the next step“ eine „so-called Stichwahl“. Dafür fiel mir keine passende Vokabel ein. Vielleicht hieß es bei denen „knife-election“ oder irgendwas mit „peaks“. Als ich gerade meinen Vokabel-Baukasten für den nächsten Satz zusammengeschraubt hatte, fiel mein Blick auf das Gesicht meiner Frau. Sie starrte mich fassungslos an. Ich wusste, was in ihr vorging. Einerseits schien sie überrascht, vielleicht sogar stolz, mit welchem Mut ich ins Detail gegangen war, andererseits machte sie sich offensichtlich Sorgen um mein Englisch, denn sie schüttelte ständig den Kopf.

„Ich bin sure, that Ährikä wants to know the truth!“ fuhr ich unbeirrt fort und wollte jetzt einen großen Bogen spannen zwischen Augustins Leasing-Vertrag und Wulffs Ehrensold. „Bitte lass es!“ unterbrach mich die Frau, derentwegen ich mein Junggesellenleben aufgegeben hatte, „das führt jetzt zu weit.“

Erika streichelte diplomatisch einen Kater. Ja, dachte ich, es ist schon recht, denn so einfach übertragbar sind die Mainzer Verhältnisse nach Vancouver oder Erikas homebase „Prince George“ in British Columbia nicht.

Who knows, dachte ich, vielleicht wird in Kanada derjenige Oberbürgermeister, der einen kleinen Wald in Bestzeit abholzen kann. Wer einen See durchtauchen kann. Wer einen Braunbären niederringt mit bloßen Händen!!

Nun wirkte Erika überhaupt nicht so, als ob sie am Waldsee unter Bären groß geworden wäre. Sie trägt eine schicke Brille und bedient ein topmodernes Macbook. Ein paar Sicherheitsregeln wollte ich ihr doch mitgeben auf den Schulweg.

„Never go out of the Straßenbahn in Gonsenheim!" warnte ich unseren Gast. „We are proud to be Finther and we have more Ahorn-Power in our arms than the Gonsbeach-Washlaps!"

„Yes we can!" grölten die Jungs und setzten sofort noch Anti-FCK-Gesänge obendrauf: „Hört ihr das Gestöhne ..."

„Bitte Ruhe!" shoutete meine Frau. „Vielleicht hat Erika ja Lust, mal einen Besuch in Wiesbaden zu machen ..."

Das Gespräch erstarb. Wortlos gingen alle auf ihre Zimmer. Später – im Liegestuhl – ging mir nochmal die OB-Entscheidung durch den Kopf. Vielleicht kein schlechter Gedanke, die Stichwahl als Mutprobe zu gestalten. Den Rhein nur mit einem Ring Fleischwurst zu überqueren. Oder auf dem Großberg Flugzeugbäuche zu bemalen ... Und noch bevor einer der Kater sich auf meinen Schoß legte, war ich schon eingeschlafen.

Von Wuthunden und Windbürgern

N**a, so langsam** pendelt sich Mainz ja wieder auf seine zwei Hauptthemen ein: Kleines Gebell (Hundesteuer) und großes Gebell (Fluglärm). Und ich muss das alles wieder an einem Samstag abarbeiten …

Also fangen wir mal an mit dem großen Lärm. Finden Sie das nicht auch widerlich, wie der hess(l)ische Frauenschwarm mit der Halbwelt-Visage, Volker Bouffier, es jetzt beim Thema Fluglärm zwischenmenscheln lässt! Es gäbe „Grenzen, die nicht nach dem Technischen und Betriebswirtschaftlichen definiert“ seien, hat er gesagt.

Da schüttet einer mit seinem verschlagenen Chef-Koch über Jahrzehnte mutwillig und willfährig den Frankfurter Stadtwald mit Beton zu und wenn's auf die ersten, eigenen Wahlen zugeht, spielt er das Umweltschäfchen in der Mischmaschine. Bouffier wirkt noch dreister als Wulff: Bei ihm kommt die Wahrheit nicht scheibchenweise, sondern die Verarschung am Stück!

Auch die Fürsorge der rheinland-pfälzischen Landesregierung für die lärmgeplagten Mainzer scheint mir nicht ganz frei von – räusper – Verzögerungen.

Aber jetzt kommt ja die Lösung in Sicht: Das Gleitflugverfahren, der Reißverschluss bis zum „Merge Point“ könnte Entlastung schaffen. Wehe dem, der dann im sogenannten „Endanflug“ aus dem (Rüsselsheimer?) Doppelfenster schaut. Der kann die Popmusik lauter drehen! Und spätestens, wenn dieses Verfahren angewandt wird, dann kann man sich auch bei uns die Frage stellen: „Bin ich noch Mainzer oder schon ‚Merger'?“

Die Garden, sagen die Garden, marschieren nicht mit bei den Fluglärmgegnern, das sei nicht ihre Aufgabe. Mm, das finde ich aber traurig. So ein Gardist gehört doch als Außendienstler zu den Hauptbetroffenen. Wofür haben denn die Musiker ihre Lieder geübt? Es kann doch nicht sein, dass man die Mainzer Garden nur noch sehen, aber nicht mehr hören kann, weil irgendein Wiesbadener Reise-Rentner wieder schlecht gelaunt im Sturzflug von den Seychellen zurückkommt.

Nächstes Thema: Die Hundesteuer kommt. 70 Euro mehr für den „einfachen“ Straßenhund. Der tiefergelegte „Jagdhund“ soll in einer Umweltzone bis zu 130 km/h schadstoff- und steuerfrei sein. Bleibt noch der sogenannte „gefährliche“ Hund mit 600 Euro (ohne Zahnersatz). Das ist ja alles in Ordnung. Aber brauchen wir nicht vor allem eine Sondersteuer für den unkontrolliert abkotenden Köter ohne Marke? Warum verschwinden solche Hunde nicht in diesen Wasserkratern auf dem unterspülten Bürgersteig, wo neulich die Frau aus Versehen reingefallen ist?

Sollte man nicht sowohl den gemeinen, gefährlichen Wuthund als auch sein meist kriminelles Herrchen dazu zwingen, seinen Haufen auch im „Point-Merge-Verfahren" im Gleitflug abzusetzen? Vielleicht sind auch besonders gefährliche Hunde am besten auf der neuen Start- und Landebahn aufgehoben. Da können sie ihre verwandten Blechvögel mit viel Gebell begrüßen und verabschieden und die Haufen würden sich auch durch die Luftverwirbelungen gut verteilen.

Wenn Weihnachten nicht schon vorbei wäre, dann würde ich mir wünschen, dass man mal einen ordentlich angemeldeten und steuerzahlenden Rassehund bittet, einen Haufen auf die Platin-Platte von Volker Bouffier zu setzen. Aber bitte als „Nachtgeschäft" zwischen 23 und 5 Uhr morgens. Damit der mal merkt, wie das ist, wenn man beschissen wird!

Warum ich groß und stark werden muss

Irgendwas ist dran an diesem frischen Monat Mai. Mit seinen herrlichen, klaren Frühlingssonnentagen. Neulich konnten wir so schön draußen frühstücken. Trotz der unverschämt hohen Provision eines Kindes hatte ich den Gang zum Bäcker finanziert und freute mich über die frischen Laugenzöpfe, die jetzt im Korb vor mir lagen. Die Kinder hatten schnell alles vollgekrümelt und waren dann verschwunden. Ich fühlte mich relativ sicher mit den Zöpfen, denn meine Frau isst sehr diszipliniert.

Wir saßen also auf der Terrasse – genossen die Stille der Westwind-Wetterlage – und mir lief das Wasser im Mund zusammen. Gerade war ich im Begriff, großzügig die Butter auf den noch handwarmen Laugenzopf zu streichen. Die Frau meines Vertrauens saß mit einer Tasse Kaffee, leicht abgewinkelt vom Tisch und beobachtete unsere beiden Kater, die leichtfüßig durch den Garten tänzelten.

„Schau dir das an. Wie geschickt sie sind!" staunte sie. Die Kater jagten einen Baum hinauf und sprangen aus großer Höhe wieder ins Gras.

Ja, dachte ich, wenn sie mit dieser Energie auch mal unter der Erde herumlaufen würden! Dann könnten sie vielleicht mal den Herrn Maulwurf fragen, unter welchen Bedingungen er zustimmen würde, seine Tiefbaufirma nach Budenheim zu verlegen. Und während ich den Zopf und die Butterschicht mit einer satten Erdbeer-Lage vervollständigte, bemerkte ich halblaut:

„Den Baum hoch, das würde ich auch noch schaffen ..."

„Naja ...", sagte meine Frau mit einem kritischen Blick auf meinen dicken Butter-Erdbeer-Zopf. „Wahrscheinlich würde er abknicken."

Nur keinen Neid, dachte ich. Und nur keinen Streit – bei diesem Wetter könnten alle Nachbarn zuhören.

Einer der Kater war behende auf ihren Schoß zurückgekehrt, kuschelte sich ein und schaltete den „Streichel-Mich-Motor" ein. Wie gewünscht wurde er gekrault.

„Ja, da hast du vielleicht recht", bemerkte ich großherzig. „Der Baum würde bereits unter diesem Laugenzopf zusammenbrechen".

Es war wirklich ein fantastischer Morgen. Ich wünschte, wir hätten Bäume, an denen morgens Croissants hängen würden!

Ich betrachte den Kuschelkater. Eigentlich müsste er den Maulwurf jagen. Aber die Katzen werden verwöhnt. Wer macht ihnen morgens die Dosen mit ihrem stinkigen Futter auf? Wer reißt den letzten, frischen Quark auf, um ihn als Sahnehäubchen oben drauf zu streichen? Wer balanciert mit beiden Näpfen in die kleine Kammer, ohne dass etwas herausrutscht? Das macht alles meine Frau!

Sie sitzt mir schräg gegenüber, streichelt das Fell und blickt in den Garten. Und auf einmal fällt es mir wie Mohnsamen aus dem Laugenzopf. Ich bin stolz auf sie. Es war richtig, sie zu heiraten. Nein, umkehrt: Es war wirklich nett von ihr, mich auszuwählen. Wenn es sein müsste, dann würde ich für sie auch vom Baum fallen. Wenn sie es wollte, würde ich das Haus anheben, damit sie ohne Schlüssel reingehen kann.

Meine Frau erhebt sich und geht ans Telefon. Die Terrassentür steht offen. Der Laugenzopf ist fertig geschmiert. Die Hälften lassen sich mühelos greifen. Vielleicht sollte ich ihn ihr schenken. Einfach so. Als kleine Geste.

Aber wird sie dieses Opfer auch zu schätzen wissen? Macht sie sich denn überhaupt etwas aus Laugengebäck?

Ach, ich bring ihr einfach mal was aus der Stadt mit, denke ich und schiebe die eine Hälfte in den Mund.

Wenn ich den Maulwurf verjagen will, (im Krankheitsfall) die Katzendosen öffnen muss, wenn ich das Haus anheben möchte, wenn ich die Kinder aus ihren Sitzsäcken in die Welt hinaustreiben will, dann muss ich stark sein. Dafür brauche ich den ganzen Zopf! Entschlossen schiebe ich auch die andere Hälfte hinterher.

Liebeserklärung an Gonsenheim

Wenn ich im wunderschönen Mainzer Stadtteil Finthen in die Straßenbahn einsteige, mich langsam vom Sertoriusring den Berg hinunter tragen lasse, unter der lauschigen Autobahnbrücke hindurch gleite und die ersten Gonsenheimer Mehrzweckgebäude vor meinem Auge passieren lasse, diesen Vorort in seiner ganzen Pracht auf mich wirken lasse, dann frage ich mich oft: Wie glücklich müssen diese Menschen sein? Wie geborgen muss man sich fühlen, wenn man jenseits der Gemarkungsgrenze sein Heim aufschlagen darf?

Und wenn ich an der Breiten Straße, dem Gonsenheimer „Broadway" aussteige, ebenerdig aussteige, weil die Bürgersteige beizeiten auf Straßenbahnniveau gebracht wurden, wenn ich den Blick schweifen lasse über die bunte, hochwertige Mischung aus Bankfilialen, Einzelhandel und Feinkostmetzgereien, dann durchströmt mich nur ein Gedanke: Wie schön ist Gonsenheim! Ein Vorort wie aus einem Zuckerguss, prallgefüllt mit geradlinigen, charakterstarken Persönlichkeiten, die behutsam und verantwortungsvoll ihren starken Einfluss nehmen auf die Geschicke der Mutterstadt.

Gonsenheim – ein Meisterstück der Stadtplanung, die Verquickung, ja die Verästelung einfachster Dorfästhetik und großstädtischster Eleganz. Wer hier sein Glück nicht finden kann, der hat es auch nicht verdient.

Hier reicht der Konzernlenker dem Handwerksburschen die Hand, hier zwinkert der Grafikdesigner dem Udschebebbes zu.

Kein Kind, das nicht schon einmal die kleine Schachtel mit Trockenfutter durch die Gitterstäbe gedrückt, keine Mutter, die nicht schon eine Schachtel Windeln im Schatten des Wildparks gewechselt hätte.

Und am Ende eines schönen Sonnentages, da strömen die glücklichen Gonsenheimer auf ihren Jux- und Dollereiplatz, wo der spätrömische Eisverkäufer seine schmackhaften Kugeln über den Parkplatz reicht.

Wo, wenn nicht hier, zieht es einen die Gleise entlang zum rosariofarbenen Italiener, in dessen duftender Gastfreundschaft sich schöne Frauen, sportliche Männer, Familien und Silversurfer die Hand reichen und der Optiker schräg gegenüber hilfsbereit die Bügel biegt (Danke nochmal).

Wer möchte nicht Lärche sein am Gonsbach, der kühn sich schlängelt vorbei am „schottischen" Schulzentrum zur dichtbesiedelten Bauhaus-Siedlung, die sich friedensreich über dem Panzerproduktionsplatz herausgebildet hat.

Und überall in dieser Perle an der bunten Vorortkette unserer Heimatstadt werkeln die Aktiven und die Hyper-Aktiven, die Helden der Fastnacht zum Wintereinbruch an ihren filigranen Vorträgen, ihren schmissigen Büttenreden und kokolorikalen Liedertexten.

Und wer jetzt noch nicht genug hat, der dreht ab in die schattigen Parkanlagen der Großgonsenheimer, auf deren Grundstücken dereinst die Sommerhäuser der Innenstädter standen. Hier wohnt man nicht, hier wird residiert. Operettenhaft trällert die Nachtigall durch Friedrich- und Luisenstraße, still ruht die polierte S-Klasse und der breitbereifte SUV, denn zur Arbeit fahren muss hier eigentlich niemand mehr.

Und wenn Sie – verehrte Leserinnen und Leser – diese Zeilen lesen und womöglich argwöhnen, dass ich so schonend einen Auszug aus meinem geliebten Finthen vorbereiten möchte, dann irren Sie. Es handelt sich nur um einen kurzen Besuch bei den Schoggos und ich will kein Risiko eingehen! Tuff-täh!

Leasing, Lust und Leidenschaft

V**or einigen Tagen** begab es sich, dass ich ein sehr entspanntes Frühstück einnehmen konnte mit meiner Frau. Großzügig ließ ich ihr die Wahl zwischen Mantel und Lokalteil, denn unser Lieblingsthema war ohnehin auf fast allen Seiten vertreten.

„Stell Dir vor, du wärst Geschäftsführer und Oberbürgermeister", eröffnet meine Frau das Gespräch ungewohnt politisch und streichelt einen der beiden frisch kastrierten Kater. „Soweit ich weiß", wende ich ein, „geht beides wohl nicht. Man müsste ein Arbeitsverhältnis abrupt beenden*."

„Du bist fies", sagt sie. „Also, du wärst Kandidat, aber hast noch einen normalen Beruf. Würdest du das Handy und den Wagen getrennt abrechnen?"

„Ich würde nur noch Bus fahren und vom Festnetz anrufen. Alles andere ist zu gefährlich!"

„Und wenn du ein Kind zur Schule bringst? Mit dem Dienstwagen?"

Ich muss nicht lange überlegen.

„Ich bringe doch kein Kind zur Schule! Das wäre mir viel zu früh. Irgendwer hat mir erzählt, dass die da schon um 8 Uhr anfangen."

„Darf man eigentlich mit einem Dienstwagen zu einer Fastnachtssitzung fahren?" Meine Frau bleibt dran. Ich spiele mit, was soll's. Es ist Frühling!

„Soweit ich weiß, ähem ... nur bei der Prinzengarde."

Was hat sie denn heute?

„Und Einkaufen, geht das auch?"

„Was weiß ich?" antworte ich, „bis zu zehn Artikel oder so. Wichtig ist, dass du beim Einkaufen nicht gesehen wirst. Von irgendwelchen Wählern."

„Oh Gott", seufzt sie und rollt die Augen, „und wenn die Tüte reißt?"

„Dann zahlt die Firma", entgegne ich, „aber nur, wenn du nachweisen kannst, dass die Nahrungsaufnahme dienstlich erfolgt ist."

Im Hintergrund räumt der andere kastrierte Kater seinen Napf aus.

„Was aber, wenn der Supermarkt nicht auf dem Weg ins Amt liegt?"

Sie bleibt dran.

„Selbstverständlich", entgegne ich, „kann man Einkäufe auch als Abendveranstaltung verbuchen für repräsentative Zwecke – die Uhrzeit erscheint ja nicht auf dem Kilometerstand, aber du solltest nachweislich ein Abendkleid getragen haben."

Jetzt stößt sie einen spitzen Schrei aus. „Beim Einkaufen? Ein Abendkleid?"

„Ok", sagt meine Frau im Morgenmantel, „dann löse mir bitte diesen Fall: Ich stehe im Abendkleid im Supermarkt an der Kasse, habe mein Portemonnaie vergessen, lediglich die Bahncard dabei und im geleasten Firmenwagen schmiert gerade ein Kind Schokolade über die Sitzfläche. Darf ich dich dann mit dem Firmenhandy überhaupt anrufen?"

„Nur, wenn ich im Büro bin oder auf dem Weg zu einem Zapfenstreich!" rufe ich triumphierend. „Wenn du mich in der Sitzung erwischst, dann fällt das unter sogenannte privatgenutzte Firmengeschäfte, das heißt du müsstest aus dem Getränkemarkt mit mir telefonieren, dann geht's über die Pendlerpauschale."

„Gut!" stöhnt sie, „Jetzt beantworte mir noch eine letzte Frage: Ich gehe mit einem kranken Hund zur Wahl. In der Wahlkabine stirbt der Hund. Hat er das Recht auf eine Urnenbestattung?"

Unsere Katzen hören jetzt sehr aufmerksam zu.

„Wenn der Hund nachweisen kann, dass er im Wahlkampf gestorben ist, dann greift die Hundehaftpflicht!"

Ich greife nach ihrer Hand. Meine Gedanken gehen jetzt in eine andere Richtung.

„Wusstest du, dass ab 1.4.2012 wieder mit Aktentasche in der Hand geküsst werden darf?"

„He?" sagt sie, „worauf willst du hinaus?"

„Ich will gar nicht hinaus, sondern hinauf ...", flüstere ich und sie versteht sofort.

Wir kichern, dann gehen wir die Treppe hoch ins Schlafzimmer.

** bezieht sich auf die fristlose Kündigung des CDU-Oberbürgermeister-Kandidaten Augustin in 2012*

Unser Urlaub in der Villa Erika

Sind Sie immer noch da? Seien Sie bloß froh, dass Sie nicht weggefahren sind! Nachdem ich Ihnen ausführlich von unserer Anreise erzählt habe, möchte ich heute die Ankunft im Urlaubsort schildern.

Nach einer irrsinnig langen Fahrt mit unglaublich hohen Benzinpreisen und unverschämten Maut-Gebühren kamen wir in einem Land im Süden Europas an, das ich nicht nennen werde, um seine Bonität nicht zu gefährden. Dort hatten wir – natürlich online – ein Haus gemietet, von dem wir nicht wussten, ob es tatsächlich existiert, wer uns die Schlüssel übergibt und ob wir dort überhaupt erwartet werden.

Es ist spät am Abend, als unser völlig überladenes Auto in eine Siedlung einfährt. Die Kinder sind fast ohnmächtig. Sie haben geschlafen, gegessen, sich geprügelt und wieder vertragen. In meinen Ohren tröten und tuten die Geräusche von etwa 15 Kinder-CDs. Die letzten Kilometer habe ich abwechselnd geschrien und das Fenster auf- und zugemacht, um nicht einzuschlafen. Meine Frau hat schon mehrfach zu verstehen gegeben, dass sie „eine Grippe im Anflug" spürt. Sie sitzt regungslos neben mir. Nach einer Grenzüberschreitung hat sich zu der angeschlagenen Gesundheit noch ein steifer Hals hinzugesellt, der ihren Bewegungsspielraum stark einschränkt. Unseren Zustand kann man wohl als „Urlaubsreife" bezeichnen.

„Villa Erika" – heißt das kleine – laut Katalog „moderne" Haus, das ganz vorne am Meer steht. Es ist bestimmt 40 Jahre alt und hätte vor 20 Jahren renoviert werden müssen. Die Zimmer riechen stockig und die Küche („mit Vollausstattung") besteht aus vier Gläsern, drei Gabeln und zwei Messern. Es fehlen Tassen. Die Teller sind abgestoßen und teilweise verschmutzt.

„Mein Gott, von hier aus sieht man das Meer!" rufe ich, um die Kinder vom Geruch abzulenken. Ich fühle mich nach gefühlten 10.000 km hinterm Steuer ein bisschen steif. Das Tragen von leichtesten Koffern, eine winzige Drehung im falschen Moment könnte jetzt einen Hexenschuss bei mir auslösen.

„Iiieeehhhhh, stinkt das!" kreischen die Kinder, fangen an zu weinen und wollen das Haus erst gar nicht betreten. „Kommt, wir gehen zum Strand", seufzt meine Frau. Sie hat einen Winterschal um den Hals gewickelt und wirkt sehr zerbrechlich.

Ich stehe am Fenster und starre auf das Meer. Wir hätten so schön zuhause bleiben können. Eine Radtour zum neuen Fußballstadion oder einen Lauf durch den Ober-Olmer Wald. Ach Gott ...

Vorsichtig ziehe ich die ersten Gepäckstücke aus dem Kofferraum. Den Innenraum des Wagens muss ich separat reinigen. Auf den Rücksitzen kann man wohl nie wieder einen Menschen Platz nehmen lassen. Der Wagen steht am Rand einer Böschung. Ich spiele mit dem Gedanken, ihn einfach runterrollen zu lassen.

Nach ein paar Tagen hatten wir uns an alles gewöhnt, der Geruch war auch weg, die Matratzen trocken und die Kinder waren öfter im Wasser als an Land. Die lieben, süßen und fleißigen Kinder haben mir sogar geholfen, den Wagen zu reinigen.

Es wurde noch ein wirklich schöner Urlaub. Die Einwohner des Landes waren sehr freundlich zu uns. Natürlich gab es am Strand zufälligerweise auch jede Menge Mainzer. Am Ende saßen wir mit unseren Nachbarn aus Finthen auf der Terrasse. Wir mussten viel Alkohol trinken, um die Mücken zu verjagen. Ab 24 Uhr schmetterten wir Fastnachtslieder und riefen Helau. Und wenn wir nicht zerstochen worden sind, auch mal richtig durchgeschlafen und keine Sonnenallergie bekommen haben, dann sind wir nächstes Jahr wieder dabei. Aber eins ist klar: Ich werde wieder die gesamte Strecke fahren. Und wenn ich vorher Urlaub machen muss!

Was die Straßen so reden

Neulich bin ich durch die Stadt gegangen und da geschah etwas Merkwürdiges. Ich konnte auf einmal die Sprache der Straßen verstehen. Die erste Straße, die mir ihr Leid klagte, war die Große Bleiche. Sie wirkte müde und ausgelaugt. „Was bedrückt dich?“ fragte ich die ehemalige Prachtstraße.

„Ach, ich kann nicht mehr. Das Atmen fällt mir schwer. Die Autos donnern über meinen Straßenbelag, aber kaum eines hält an und parkt. Meine Kaufkraft sinkt, ich werde nicht mehr lange durchhalten.“

Auch die kleine Lotharpassage war ganz aufgeregt. „Weißt du, was es bedeuten würde, wenn am Höfchen mit einem Schlag Dutzende von Einzelgeschäften eröffnen würden? Das wäre das Ende! Ich überlege, ob ich mich als Autobahnzubringer bewerbe.“

„Wenn das so weiter geht“, rief die Steingasse, „dann kann ich mich umbenennen in Handy-Flatrate-Billig-Tarif-Straßenstrich.“

An der Kreuzung schaltete sich die Große Langgasse ein. „Was tut die Stadt für uns? Man behandelt uns wie Wiesbadener! Sind wir etwa Aussätzige?“ fragte sie mit Tränen im Rinnstein. „Warum reden alle von Karstadt und ECE? Ich biete den Menschen Parkplätze, an meinen Rändern kann man flanieren. Passagen und Plätze zum Ausruhen, Restaurants und Kinosäle, es ist alles da.“

Die Seppel-Glückert-Passage meldete sich zu Wort: „Wir haben auch unseren Stolz. Unsere Geschäfte waren einst Aushängeschilder. Die Leute kamen von weither, um bei uns einzukaufen ...“

Und alle Straßen im Stadtkern stimmten ein in die Klage. Nur im Brand wollte man sich dazu nicht äußern.

Und der Lärm der Straßen wurde so laut, dass er ins Rathaus drang.

Dort saßen die OB-Kandidaten und überlegten, wo und mit wem sie sich überall fotografieren lassen könnten. Vor dem Spiegel rückten sie ihre Krawatten und Augenbrauen zurecht. Schauspiellehrer erklärten ihnen, welche Wörter gerne gehört werden und wie sie die Hände halten müssten, damit der Eindruck von Entschlossenheit und Tatkraft entstünde.

Nein, die Straßen hatten Recht. Von diesen Leuten ging keine Aufbruchsstimmung aus.

„Wir müssen uns etwas überlegen“, rief ich den Straßen zu. „Wie kann man etwas ändern? Was würde euch denn helfen?“

„Ach", schluchzten die Straßen und schnäuzten ihre Nasen, „wenn du vielleicht ab und zu mal vorbeikommen würdest, um ein bisschen Umsatz zu machen, das wäre ein Anfang", flüsterte der Münsterplatz.

„Gut", sagte ich, „ich werde mich bemühen, aber ihr müsst mir auch etwas versprechen. Eure Einzelhändler müssen sich anstrengen, sie müssen mich immer gut beraten und mir das Gefühl geben, dass es sich lohnt, dafür etwas mehr zu bezahlen. Und ich möchte keine muffeligen Gesichter mehr sehen, niemand soll mir das Gefühl vermitteln, dass ich ihn gerade störe, wenn ich seinen Laden betrete. Einverstanden?"

Alle waren einverstanden.

Als ich nach Hause fuhr in meinen Lieblingsvorort, standen mir die Tränen in den Augen. Der Zustand der Straßen und Plätze, die billigen Fassaden und der Leerstand, das alles tat mir unendlich leid. Gleich am nächsten Samstag fuhr ich mit einem öffentlichen Verkehrsmittel und zwei großen Taschen wieder in die Innenstadt. Und als ich die Große Bleiche hinunter schlenderte in Richtung Neubrunnenplatz, da hatte ich den Eindruck, als ob die Straße mich anlächelt. Und ich ging zum Friseur, kaufte ein paar Bücher, ein ausgefallenes Schreibpapier und einen schönen Füller und als ich später in der Großen Langgasse beim Mittagessen saß, da stellte sich ein gutes Gefühl ein.

Wenn wir alle – die großen Liebhaber dieser Stadt – am Samstag lieber einen Ausflug in die Innenstadt machen, als in ein geschmackloses Gewerbegebiet zu fahren oder im Internet irgendwelche Schnäppchen aus Holland zu bestellen, dann werden die Einkaufsstraßen von Mainz schon bald wieder in vollem Glanz erstrahlen.

Wenn endlich mal alle weg sind

Eine aufregende Woche geht zu Ende. Heute kann ich mal ausschlafen. Ich bin nämlich allein! Meine Frau und die Kinder sind weggefahren.

Kennen Sie das Gefühl?

Kaum sind alle weg, sehnt man sich nach ihnen. Bei mir ist es ganz extrem: Ich kann mich wahnsinnig freuen, wenn alle im Auto sitzen, wenn ich alle zum Bahnhof gebracht habe, in den Zug, ins Flugzeug, in eine Rakete gesetzt habe. Es ist wie eine Befreiung, man fühlt sich so entfesselt, so unabhängig und …

Und eine Sekunde später fehlen sie mir alle schon wieder. Dann geh ich an den Computer und schaue mir Urlaubsbilder an, so sehr fehlen mir alle. Kleine Kurzfilme, in denen mir jemand die Zunge rausstreckt. Ach, denke ich, wenn sie doch schon wieder da wären!

Es ist ja nur eine Nacht. Dann geh ich durchs Haus und langweile mich. Eigentlich hatte ich mir das Wochenende ganz schön vorgestellt. Ich mache einfach, was ich will, wozu ich Lust habe.

Niemand stört mich. Keiner lässt die Schuhe im Flur stehen, niemand lässt seine Jacke fallen. Kein Rucksack, kein Turnbeutel stört mich. Kein Schwein knallt die Türen oder hört laute Musik.

Wenn ich allein bin, dann falle ich in uralte Lebensformen zurück. Ich werde zum Teenager. Ich mache genau das, was mich so an den anderen aufregt. Komisch, oder?

Ich lasse meine Schuhe im Flur stehen, hänge die Jacke nicht mehr auf, schmeiße meine Tasche mitten ins Wohnzimmer und höre wahnsinnig laut Musik. Wenn ich allein bin, dann bin ich sofort Junggeselle. Ich liege rum, spiele mit dem iPhone, spiele Spiele von den Kindern, die ich in Elternrunden scharf verurteilt habe. Oder ich rufe irgendwelche Leute an. Zum Beispiel rufe ich meine Frau an auf dem Handy.

„Hallo, na wie geht's?" frage ich, obwohl sie erst 45 Minuten weg ist.

Dann will ich nochmal ein Kind sprechen. Und noch eins. Nur ganz kurz. Am liebsten alle mal. Das ist bei mir wie in einem amerikanischen Katastrophenfilm, ich will dann eigentlich allen nochmal ins Ohr flüstern: „I love you!"

Wenn ich allein bin, dann gehe ich wahnsinnig spät ins Bett. Noch später als sonst! Ich gucke Schwarzenegger-Filme. Beim letzten Mal Alleinsein bin ich erst um kurz vor vier ins Bett gegangen. Genau wie früher.

Irgendwie ergibt alles keinen Sinn mehr, wenn man allein ist. Die Kinderzimmer zum Beispiel! Nichts macht mich sentimentaler als ein Kinderzimmer ohne Kind. Ein Kinderbett, aus dem noch ein Schlafanzug raushängt. Ich bin sogar schon hingegangen und habe dran gerochen. Wie ein Hund, der von seinem Herrchen getrennt worden ist. Der Kühlschrank ist – im Gegensatz zu meiner Junggesellenzeit – wenigstens voll.

Meine Frau hat noch eingekauft. Immer, wenn sie mal wegfährt, dann macht sie mir Essensvorschläge. Was ich mir mal kochen könnte. Mit Rezept. Es sei ganz einfach. Die Küche ist sauber.

Ich werde mich hüten, irgendetwas zu kochen. Wenn's nach mir ginge, würde ich den Rest meines Lebens Laugenbrötchen essen. Und ganz viel Käse, jungen Gouda oder diesen Bombel mit 98 Prozent Fett. Vor kurzem hab ich Pralinen entdeckt, die ich eigentlich verschenken wollte. Plötzlich waren alle weg und mir war schlecht. Wie bei einem Hund!

Ich lerne auch nicht aus meinen Essfehlern. Ich mache das jedes Mal wieder von vorne falsch.

Abends trinke ich Wein. Allein. Soll man nicht. Da schmecken eigentlich nur die ganz teuren Weine. Vor dem doofen Fernsehprogramm. Das muss man sich qualitativ schön trinken.

Manchmal rufe ich irgendwas durchs Haus, damit ein möglicher Einbrecher denkt, ich wäre zu dritt. Der Moment vor dem Einschlafen ist komisch. Ich höre dann irgendwas, aber ich weiß, dass niemand da ist. Da fällt mir auf, dass ich mutiger bin, wenn die Kinder im Haus sind. Allein würde ich das Haus kampflos aufgeben. Mich sofort ergeben. Ich würde dem Einbrecher alles zeigen, die Autoschlüssel für das Fluchtfahrzeug in die Hand drücken und dann zu den Nachbarn gehen.

Allein zu sein ist natürlich auch toll. Vor allem morgens. Da könnte ich immer alleine sein. Dann hätte ich die Zeitung als erster, ohne Quark- und Marmeladenflecke. Das wäre dann wie früher.

Aber auf Dauer bringt das alles nix. Ich sage Ihnen ganz klar: Wenn ich allein bin, dann will ich nicht mehr alleine sein.

So, und jetzt ruf ich doch mal sicherheitshalber an. Vielleicht hat jemand seine Schuhe oder seine Jacke vergessen. Irgendeinen Vorwand wird es doch geben, dass ich mal kurz vorbeikomme …

Arbeit außerhalb der Arbeitszeiten

Ist das nicht ein wunderbarer Frühlingsbeginn? Genau wie er im Kalender steht. Gestern Vormittag waren unsere Kater bei einer Kastratenfortbildung. Danach saßen wir zusammen auf der Terrasse.

„So, ihr beiden", rief meine Frau den Katern zu, „jetzt zeigt mal, was ihr gelernt habt". Die eigenwilligen Haustiere waren guter Dinge. Kein Wunder, hatten sie doch gerade beide im ersten Anlauf die Jagdprüfung bestanden für Wühlmäuse und Maulwürfe.

Katzen sind schon komisch: Einerseits so weich, so rücksichtsvoll und zartfühlend. Und einen Moment später zerlegen sie ein Eichhörnchen nach allen Regeln der Kunst, so dass nur noch die Hinterpfoten und ein paar Nüsse übrig bleiben.

Meine Frau hatte sich derweil eine Zeitung vom Vortag geschnappt.

„Sag mal, hast du das verstanden mit dieser Frau, die beim Liegenschaftsamt beschäftigt war, aber auch irgendwo als Geschäftsführerin?" fragt sie mich.

Ja, denke ich, merkwürdig, schon auffällig, diese hohe Rücktrittsquote bei den Amtsleiterinnen und Geschäftsführern in diesem Frühjahr.

„Was hat sie falsch gemacht?" frage ich zurück.

„Ihr wird vorgeworfen, dass sie auch außerhalb der Arbeitszeiten gearbeitet hat ..."

Wir sehen uns beide an. – Zweifellos ein ungeheuerlicher Vorwurf!

„Wie ist die Sache aufgeflogen?" hake ich nach.

„Sie wurde wohl gesehen vor acht Uhr im Büro", antwortet meine Frau betriebsam.

Aha, da musste es also einen Maulwurf gegeben haben, der auch so früh angefangen hat.

Aber meine Frau ist schon beim nächsten Skandal.

„Und hier! Hast du das gelesen, das darf doch nicht wahr sein. Am Ende wird er frei gesprochen!"

„Wen meinst du?" frage ich, aber ich wusste sofort, von wem die Rede war. Ich war schon lange enttäuscht über den Prozess in Koblenz. Ich hatte gehofft auf die reinigende Kraft. Ich hatte mir gewünscht, dass die Musik den Handkäs auseinander fliegen lässt. Nicht zu Lasten eines Einzelnen, sondern zur Austrocknung des ganzen öligen Sumpfgebietes. Ich hatte gerechnet mit Mitarbeitern, die endlich mal alles loswerden wollen, was sie jahrelang beobachtet hatten. Leute mit Courage im Zeugenstand. Ich hatte mir gewünscht, dass der ganze stinkige Handkäs durchlöchert wird. Und natürlich hatte ich gehofft, dass am Ende diejenigen, die sich schuldig gemacht haben, zur Verantwortung gezogen werden. Dass sie hart bestraft werden, damit ihre Verurteilung eine Strahlkraft hat bis in die Ober- und Unterstübchen der Gesellschaft. Es war kein kurzer Prozess, den Rainer Laub über sich ergehen lassen musste. Viele Peinlichkeiten kamen ans Licht, viele Ungereimtheiten, die er nicht vollständig ausräumen konnte. Ein Unding, eine Verzerrung der Gerechtigkeit, dass am Ende alle für nichts verantwortlich sein werden!

Da fiel mir der Besuch bei Freunden ein, die uns zum Essen eingeladen hatten. In Gonsenheim. Ein ausgezeichnetes Essen. Irgendwann an diesem Abend ging die Tür auf und eine schwer übergewichtige Katze kam in den Raum. Ich musste laut lachen, denn so eine dicke Katze hatte ich wirklich noch nie gesehen. Sie war kugelrund, als ob sie einen Luftballon verschluckt hätte. Die Besitzer – beide durchtrainiert, kein Gramm zu viel – waren etwas beschämt. Sie hatten sich wohl schon lange an den Anblick gewöhnt, beteuerten aber, dass sie gar nicht so viel zu essen bekäme.

Ja, dachte ich auf dem Heimweg, vielleicht steht dieses Tier für die Mainzer Handkäs-Mafia. Eine dicke Katze. Fett. Satt. Unbeweglich.

Und keiner will sie gefüttert haben ...

Zeit für Einschränkungen

Mainz wird leiser. Haben Sie's schon bemerkt? Ich stell mir jetzt immer den Wecker für nachts um eins. Dann pack ich mich warm ein und leg mich in den Garten. Nachts ist das Rhein-Main-Gebiet überhaupt ziemlich lebenswert. Die Gartengeräte schweigen, unsere hauseigenen Lärmverursacher (die Kinder) liegen erschöpft in ihren Docking-Stations. Also ich muss sagen: Nachts liegt sich's hier wie im Schwarzwald!

Das Urteil von Leipzig[*] war nötig, weil Bouffier, Koch und Konsorten der Luftfahrtindustrie den Vorzug vor den Wählern gegeben haben. Das sollte man nicht tun. Flugzeuge kommen und gehen, aber der Wähler, der wohnt und wohnt und wohnt ...

Insgesamt ist es ermutigend. Wir brauchen mehr Bürger-Basis-Entscheidungen. Erst war der Mensch, dann der Charterflug. Wenn sich genügend Leute finden, die bei Sonne in Ruhe auf einer Terrasse oder im Garten frühstücken wollen, dann sollen die anrufen und ab 100.000 Anrufen wird der Flugverkehr für eine Stunde unterbrochen. Na und? Wen juckt's. Den Fluggästen ist das doch egal, die hängen doch sowieso im Jetlag. Und an den Flugrouten kann man auch noch was drehen. In Zukunft dürfen nur Häuser überflogen werden, deren Besitzer nachweislich gerade im Flugzeug sitzen. Oder vor kurzem drin gesessen haben.

Und die Piloten sollen gefälligst diese Silence-Technik anwenden, die auch bei Klavieren üblich ist. Über den Wolken muss die Freiheit – und da muss ich Reinhard Mey widersprechen – wohl eingeschränkter sein. Nie war die Empfänglichkeit der Menschen für Verbote und Einschränkungen höher. Verzicht ist möglich. Überall!

Wenn ich da nur an unsere Familie denke: Was glauben Sie, wie die Kinder sich gefreut haben, als ich die Internet-Nutzung eingeschränkt habe. Und von wegen worldwide: Bei uns surfen die Kinder auf den ihnen zugewiesenen Seiten: Wohnbau.de, Sesamstrasse.de und Sandmännchen.com! Das muss reichen.

Ich arbeite jetzt – gemeinsam mit den Kindern – an einem Verbotspaket zwischen 17 und 20 Uhr: Der 10jährige darf in dieser Zeit nicht simsen, die 13jährige darf nicht facebooken und für alle über 14 herrscht Produktionsverbot von großen Bananenmilchshakes mit Riesensauerei. Wenn ich nicht schon so großen Erfolg hätte mit meinem Schuhe-in-den-Flur-Schmeißverbot. Einen Schuh schmeiß ich in den Garten, den anderen müssen sie sich aus dem gelben Sack fischen. Mm, lecker, was glauben Sie, wie akkurat die neuerdings im Schrank stehen.

Man muss ja auch nicht immer nur mit Strafen arbeiten. Genau so gut läuft bei uns das Jacken-Aufhäng-Bonus-System. Wer zehn Mal die Jacke richtig aufhängt, bekommt eine neue. Natürlich von Hollister, Alter! Unser Katzenklo wird jeden Tag von einem anderen Kind gereinigt. Wenn das ganze zwei Monate rund läuft, gibt's eine Helge-Schneider-Eintrittskarte umsonst.

Das Leben ist eine Mischung aus Kompromissen und Selbstbehauptung. Nur wer regelmäßig seine Macht demonstriert, der hat Erfolg. Das gilt auch im Kleinen: Über Ostern plane ich mit den Nachbarn einen großen Kärcher-Schweige-Marsch. Wir gehen stumm mit Transparenten durch die Straße, auf denen steht: „Kärcherfrei von Eins bis Drei!" Ich male gerade ein Plakat, auf dem wird stehen:

„Ich werde meine Nachbarn lieben,
wenn Ruhe ist von drei bis sieben!"

Und wenn das nicht hilft, dann muss ich halt andere Saiten aufziehen:

„Riech ich nach zehn noch Grill und Kohle,
kann's sein, dass ich die Bullen hole!"

---

* *Das erste Urteil zum Nachtflugverbot am Bundesverwaltungsgericht Leipzig war vorläufig.*

Nicht ohne meinen Gensfleisch!

Ich wende mich heute vertrauensvoll an die Mainzer Bevölkerung mit einem Erlebnis, das mich sehr bedrückt hat. Ich bin sicher, dass viele von Ihnen, die sich schon lange in dieser Stadt aufhalten, aber vor allem die, die hier geboren sind wie ich, schon einmal vom Gutenberg-Museum gehört haben. Man geht ja nun als Einheimischer eher selten ins eigene Museum, aber sobald wissensdurstige Gäste im Haus sind, kommt einem die ein oder andere Sehenswürdigkeit in den Sinn. Außerdem macht so ein Ausflug in die Mainzer Geschichte ein reines Gewissen, bevor man sich dann abends beim Wein die ganze Welt vor Augen holt und die Mainzer Themen nur noch ein paar Tropfen im großen weltpolitischen Weinfass ausmachen.

Der Tag ist sonnig und frisch, also nichts wie raus und in die Stadt. Sicher kennen Sie alle die äußere Hülle des Museums, ein zeitloser, fensterarmer Bau am Brand-Rand, gleich hinter dem Markt. Ich führe also den Gast zunächst ins obere Stockwerk, wo eine Ausstellung namens „Moving types" gezeigt wird. Die Idee, die dort zugrunde liegt, ist folgende: Mit einem geliehenen iPad läuft man um einen digitalen Baum, an dem die „Früchte", nämlich sogenannte QR-Codes hängen. Hält man das iPad vor einen Code, startet auf dem Display ein Film, genauer gesagt der Vorspann eines Films. In diesem Vorspann zeigt sich, wie kreativ man mit Schrift und Musik umgehen kann im Film.

Der Einsatz von iPads verfehlt seine Wirkung nicht. Die von mir mitgeführten Jugendlichen stürzen sich auf die Geräte, aber bringen sie nach wenigen Minuten zuruck. Warum, frage ich. Naja, der restliche Film würde fehlen. Auf den Gesichtern der Pubertierenden liegt Enttäuschung. Ich bin ja schon erwachsen, denke ich und stürze mich unter einen Kopfhörer in ein Audio-Erlebnis. Schlagartig breitet sich eine bleierne Müdigkeit von den Ohren über den ganzen Körper in mir aus. War da nicht auch ein Hungergefühl?

Dann plötzlich – eine Durchsage: Eine weibliche Stimme lädt alle Museumsbesucher in den Filmsaal. Ein Film über Gutenberg. Juhu, denke ich, endlich! Damit runden wir den Besuch ab und dann geht's zum Essen.

Der Film hat schon begonnen, als ich den Filmsaal betrete. Es ist ein Schwarz-Weiß-Film. Und im Kinosessel wird mir schlagartig klar: Diesen Film kenne ich. Ich habe ihn vor gefühlten 500 Jahren schon einmal gesehen. Marionettenhaft werden Holzfiguren mit starren Grimassen über gemalte Altstadtgassen bewegt. Das ganze erinnert an die Augsburger Puppenkiste, aber noch reizärmer! Die Figuren sprechen, aber der Mund bleibt immer geschlossen. Es ist ein vermutlich 40–50 Jahre alter Film. Nein, denke ich, das darf nicht wahr sein! Die Jugendlichen warten vor dem Museumseingang auf mich.

Meine Damen und Herren, es war Geld da für die spektakulären Markthäuser und die handverlesenen Akrobaten, die über Hunderte von Kilometern in ganz Deutschland zusammen gesucht wurden. Es war Geld da für ein leerstehendes Restaurant im Theaterdach, ein halbleerstehendes Restaurant im Proviantamt. Es war Geld da für viele sinnlose Projekte, deren Nutzen und Zweck bis heute nicht formuliert werden konnte. Für jeden Scheißdreck war Geld da! Aber für UNSER Museum, für UNSER Jahrtausend-Genie Gutenberg mit der spektakulärsten Erfindung aller Zeiten, da haben wir nichts übrig als eine dunkle Gebäudehöhle mit einem alten klapprigen Schwarz-Weiß-Film aus den 60er Jahren!

Mein Vorschlag: Ein großes Gutenberg-Benefiz-Konzert mit vielen Mainzer Künstlerinnen und Künstlern. Natürlich im GUTENBERG-Saal der Rheingoldhalle mit 1000 Bürgerinnen und Bürgern dieser Stadt, die bereit sind, 50 Euro Eintritt oder mehr zu bezahlen. Wenn nicht noch Spenden, Erbschaften und Schenkungen dazu kommen! Die Kirche kann sich auch beteiligen – sie hat Gutenberg viel zu verdanken! Vielleicht können wir die ein oder andere Vitrine wiederbeleben. Und den Film über Gutenberg, den gibt's wahrscheinlich schon. Nur nicht im Museum!

Ich bin dabei und stehe zu meinem Wort. Es ist Frühling, wir sollten die wichtigsten Arbeiten angehen.

Ein Rundgang durch die Zukunft

Heute Nacht ist mir was Tolles passiert. Ich habe im Traum gelesen. Es war eine große Regionalzeitung, da stand auf der ersten Seite „GUTENBERG-MUSEUM WIEDERERÖFFNET!“ Das Datum war nicht richtig zu erkennen. Ich bin sofort aufgestanden und in die Stadt gefahren. Und da hab ich es gesehen: Das neue Gutenberg-Museum! Das Gutenberg Weltmuseum – The New Gutenberg Museum of Modern Art.

Als ich davor stehe, wird mir fast schwindelig. Der ganze Gebäudekomplex wirkt wie ein riesiges, aufgeschlagenes Buch. Der „Römische Kaiser“ (1657) ist von einem jungen, kreativen Architekten-Team mit dem Muttergebäude (1962) und dem Neubau (2000) meisterhaft verschmolzen worden. Alles verbindet sich zu einer Einheit, vielleicht auch wegen der Glasabdeckung, die die ganze Gebäude-Gruppe schützend zum Himmel abschließt. Die Ausstellung ist keine Ausstellung mehr, sondern ein interaktiver Rundgang, ein „Path of Print“. Durch den alten, prachtvollen Eingang des Römischen Kaisers geht es durch den Innenhof zum Welcome-Center mit einer Gruppe strahlend schöner und kompetenter Mitarbeiterinnen. Die „Gutenberg-Angels“ – etwa 50 weitere Mitarbeiterinnen und Mitarbeiter – verteilen sich über die gesamte Ausstellungsfläche. Kleinkindern wird im „Leseparadies“ vorgelesen. Überall stehen Apple-Bäume mit Hunderten von iPads, die sich die größeren Kinder abpflücken können!

Das Gutenberg-Restaurant ist eine feine Adresse. Auf der frisch gedruckten Speisekarte steht natürlich gebratenes Gensfleisch an beweglichen Salat(b)lättern oder Presswurst mit Einband. Beliebt bei Teenagern: Gutenburger Menü mit dem kleinsten Nachtisch der Welt.

Auch nicht schlecht: Die Tische im Restaurant sind Touchscreens, auf denen man die Bestellung machen, den Museumsrundgang planen oder Online-Einkäufe tätigen kann.

Vom Innenhof führen gewaltige Stufen hinab in die römischen Hallen. Der halbe Marktplatz und der Innenhof sind unterkellert. Der „Path of Print“ beginnt mit Gutenbergs Geburt im Spiegel der Weltgeschichte. In den vielen Druck-Kammern stehen die jüngeren Leute Schlange, um sich Tatoos, Arschgeweihe und ganze Bücher auf die Haut drucken zu lassen.

Das GCC (Gutenberg Commercial Center) ist ein weltweit operierender Online-Shop, der vom kleinen Messing-Gutenberg bis zur Bibel-App alles verkauft.

In vielen interaktiven Erlebnisräumen sind Sonderveranstaltungen. Für Einheimische gibt es die Reihe „Behaldemohl dei Redd – Drucken gegen Demenz!" Für Vorschulkinder die Reihe „Lügen wie gedruckt!" und für frisch Verliebte ist ein gemütlicher „Dark-Room" mit Gautsch-Möglichkeit eingerichtet.

Im alten Gebäude sind die Räume nicht wieder zu erkennen. Alles wirkt hell und freundlich, viel Glas und Holz. Insbesondere die Toiletten (mit neuartiger Druckspülung) gelten als Sensation. Viele Touristen kommen nur deswegen. Im hochmodernen Filmsaal läuft alle Stunde ein Action-Streifen mit dem Superhelden „Pressman". Ein irrer Typ, der im Hauptberuf in einer Buchhandlung arbeitet, aber nachts heimlich Bierdeckel bedruckt. Dank der großzügigen Zustiftung von Gates und dem Apple-Konzern gibt es auch Touchwalks, das sind Bodenbildschirme, die mit den Füßen bedient werden. Um Aggressionen und Druck abzubauen, einen „Anti-Fust-Raum". Hier kann man mit schweren Druckplatten auf eine Puppe werfen, die Ähnlichkeit mit Gutenbergs Gegenspieler Fust hat.

Unter dem Marktplatz – ungefähr unter dem Fleischwurst-Stand – das Allerheiligste, der sogenannte „G-Punkt". Hier liegt die Gutenberg-Bibel. Sie wird von vier Yedi-Rittern (den vier Fastnachtskorporationen) bewacht. Am „G-Punkt" knien die Familienangehörigen von Zeitungsbesitzern nieder, Schriftsteller legen Manuskripte ab, in der Hoffnung, dass sie gedruckt werden. Der Rundgang endet mit einer umfangreichen Weinprobe mit Etiketten-Ausstellung. Danach geht's beschwingt in Drucker-Kolonnen zum Scrabbeln in die Altstadt.

Das neue Gutenberg-Museum ist übrigens von sechs bis 24 Uhr täglich geöffnet. Durch die zusätzlichen fünf Millionen Touristen hat sich die Einnahmesituation der Stadt deutlich verbessert. Die Kommerzialisierung von Gutenberg spült jährlich etwa 200 Mio. Euro in die Stadtkasse.

Zufrieden trete ich den Heimweg an, denn es wird Zeit aufzuwachen. Mein Gott, denke ich, die armen Wiesbadener, sie haben nur dieses faule Wasser vorgefunden, aber wir Mainzer, wir haben Johannes Gutenberg! Was für ein Geschenk, packen wir's an!

Dieses Ziehen im Nacken

Ach Gott, bin ich erschrocken, als ich vor ein paar Tagen gelesen habe: Am Wochenende wird's richtig warm. Ohje, hab ich gedacht, das kommt jetzt aber auch überraschend! Ich wollte doch am 1. Mai bereits die Badesaison mit freiem Oberkörper eröffnen!

Hatte mir zahlreiche Restrukturierungsmaßnahmen vorgenommen! Wie soll ich in den paar Tagen jetzt noch 10–20 Kilogramm abstreifen? Es ist jedes Jahr dasselbe: Der Frühling kommt und keiner sagt einem Bescheid. Klar hätte ich mich darauf einstellen können. Wenn ich das gewusst hätte! Da hätte ich doch schon seit Monaten ganz anders gegessen ...

Irgendwas ist da schief gelaufen. Es fing schon damit an, dass ich mit der Fastenzeit Schwierigkeiten hatte dieses Jahr. Ich hatte den Anfang verpasst und bin dann nicht mehr richtig reingekommen. Wobei mich da auch keine direkte Schuld trifft, denn wir hatten wirklich abartig viele Einladungen zum Essen. Von Konfessionslosen! Und dann die vielen Stehempfänge. Dazu kommen noch eigene Brote, die ich mir geschmiert habe. Einfach, um den Tagen einen würdigen Abschluss zu geben ...

Mein Problem ist eigentlich nur der Abend. Ich plane einen großen Obstsalat mit Tee und heraus kommt ein Käsefeuerwerk mit Rotwein. Es ist wie verhext. Als ob das Obst irgendwie ein Brandbeschleuniger ist. Mein Körper lässt sich da auch nicht überlisten. Ich will auch nicht trennen zwischen mir und meinem Körper. Ich lasse ihm den Vortritt! Andererseits merke ich natürlich auch, dass ich mich sportlicher fühle als ich aussehe.

Und jeder, der sich mal an einer Flasche Wein versucht hat, der weiß, dass irgendwann die Entscheidung gefällt werden muss, ob man den Wein alleine lässt im Bauch oder ob man ihm etwas „zur Seite stellt". Kann es etwa Sünde sein, wenn man ein paar süß-saure Happen bereitstellt? Sie müssen ja nicht alle gegessen werden. Wichtig ist, dass zur Not noch Nachschub da ist.

Fast jeden Morgen schaue ich in den Spiegel. Der Blick ist scheu. Ich kenne mich und letzten Endes gibt es keine Alternative zu dem, was ich im Spiegel sehe. Aber manchmal frage ich mich, welche entfesselten Kräfte in mir den Verlauf des Vorabends diktiert haben. Das Schlimme ist, dass ich mich nicht darauf verlassen kann, dass die Abendsünde sich auch im Morgenantlitz widerspiegelt.

Ich habe schon abends gefastet und bin morgens mit schwammigem Gesicht erwacht. Umgekehrt kann ich mich manchmal wundern, dass der Spiegel mich so schmeichelhaft und überhaupt komplett abbildet, so breit, wie ich mich am Vorabend gefühlt habe. Immer wieder stehe ich im Bad und male mir aus, wie es wäre, wenn ich konsequent faste. Es gibt Tage, da stelle ich mich seitlich und versuche, den Bauch um die Ecke zu biegen, so dass man ihn im Spiegel nicht mehr sieht. Das reicht mir dann schon.

Die Kinder zeigen oft auf meinen Bauch und kichern. Aber warum redet niemand von meinen muskulösen Oberarmen, die sich durch gelegentliches Schwimmen im Volumen fast verdoppelt haben? Allerdings auf Kosten einer gewissen Steifheit im Nacken ... Und was glauben Sie, was da hilft: Ein an die Lippen geführtes Weinglas mit einer leichten Kippbewegung nach hinten. Dann löst sich die Verspannung! Verrückt, oder?

Weihnachten – Der Tanz um die Familie

M**an soll ja** jeden Tag ernst nehmen und ihn auch nutzen, aber heute ist wirklich ein ganz bedeutender Tag. Und mir wird immer klarer, warum bei den Unmengen an Frieden und Besinnlichkeit, die die Weihnachtszeit vor sich herschiebt, auch eindringlich an den einzelnen Menschen appelliert wird: „Fürchte dich nicht!"

Ich will Ihnen ganz offen sagen: Weihnachten war für mich ein Ziel, ein Datum, auf das ich über viele Monate zugesteuert bin. Noch drei Monate, habe ich gedacht, dann ist es geschafft. Noch drei Wochen, hab ich gedacht, dann wird's gemütlich. Noch drei Tage ... Jetzt sind es nur noch ein paar Stunden und ich fürchte mich doch ein bisschen davor.

Heute ist der Abend, an dem man der eigenen Familie ins Auge schauen muss. Was sind das für Leute, mit denen man schon seit so vielen Jahren zusammenlebt? Familie, das ist ein zweischneidiges Schwert.

Einerseits kommen einem alle ziemlich verwandt vor, andererseits geht einem genau das auf die Nerven. Der Freundeskreis zieht sich über Weihnachten diskret zurück. Die Verwandtschaft aber bricht dann erst auf.

Warum – und diese Frage stelle ich auch an den Heiligen Vater – warum können und wollen denn immer nur die zu Besuch kommen, deren Besuch, sagen wir, auch noch Zeit gehabt hätte bis Ostern?

Ich versuche, an Heiligabend immer ganz lieb zu sein. Ich bewege mich viel, damit ich nicht auf dumme Gedanken komme. Ich laufe durchs Haus, räume auf, putze den ein oder anderen Schuh, bringe Mülleimer weg, stehe an der Papiertonne und verdichte sie. Ich bin auch interessiert am Aufstellen und Justieren von Antennen. Der Fernsehempfang über die Feiertage sollte stimmen. Man weiß ja nie: Plötzlich kommt Besuch, das Gespräch stockt und dann sollte man ein paar Programme zur Verfügung haben.

Ich frage meine Frau, ob ich noch was helfen kann. Während ich Schuhe und Jacken der Kinder wegräume und aufhänge, summe ich Lieder. Wortlos hole ich Schippe und Besen, wenn die Kinder mit verkrusteten Wanderstiefeln einmal die Treppe hoch und runtergerannt sind. Meiner Frau bin ich ein treuer Hirtenhund: Ich verrichte Arbeiten, von deren Sinnlosigkeit ich immer überzeugt war, mit einer Selbstverständlichkeit, als ob ich nie etwas anderes tun wollte.

Ich spreche gern nochmal alle Geschenke mit ihr durch, ich poliere Gläser und bügele kleine Servietten, damit alles festlich ist. Alles für SIE! Ich decke ein, decke ab und decke zu. Ich schmücke so, wie sie es gerne hätte.

Weihnachten ist ihr Fest. Es ist ihre Party. Sie steckt so voller Erwartungen, sie arbeitet am Limit. Es gibt Frauen, die mit dem Anzünden der letzten Kerze einen Burnout erleiden. Was kann man einer Frau schenken? Das ist schwer. Ich weiß von vielen Männern, die absichtlich technische Geräte schenken, die sie sich eigentlich selbst gewünscht haben.

Ansonsten will ich Diener sein im Weinkeller des Herrn: Flaschen aufziehen und atmen lassen. Am Heiligabend mache ich oft eine kleine Weinprobe. Aber keiner merkt es! Überhaupt könnte man sagen: Was für Frauen die Raumausstattung ist, das ist für einen Mann die Auskleidung des Gaumens durch einen kräftigen Rotwein. Ich schmücke mich lieber von innen! Prost!

Dieses digitale Grinsen

Haben Sie das gelesen? Vor ein paar Tagen stand in der Zeitung, dass die Internet-Sucht bei Jugendlichen stark angestiegen sei. Hm ... Die Rede war von 250.000 Süchtigen! Und dann hab ich gedacht, ich guck mal nach, was unsere Kinder gerade machen. Und tatsächlich: Ich komme ins erste Kinderzimmer, da sitzt da einer am Laptop, mit einem Ballerspiel. Eine Stimme, die es in Wirklichkeit nie geben wird, sagt: „Du hast noch 24 Leben!"

Komm ich ins zweite Zimmer, da sitzt meine Tochter wie in Trance. Mit einem seligen Lächeln liest sie sich eine Nachricht durch: lol, J, ;) grr L gefällt mir! Post ... Chat.

Kennen Sie dieses digitale Grinsen? Wenn die Kinder so fremd wirken, als seien sie von Silicon Valley aus programmiert worden? Dieser Anblick war entsetzlich. Alle Kinder hingen vor den Maschinen, vor irgendwelchen stations, sticks, Konsolen, Pods und Apps. Ok, hab ich gedacht, wir müssen jetzt was tun. So ging's nicht weiter. Eine pädagogisch nachhaltige Lösung musste her!

„Das ist doch technisch überhaupt kein Problem!" hör ich immer wieder. Man kann doch angeblich alles so einfach programmieren, dass es unter Kontrolle ist.

Mmh. Ich weiß ja gar nicht, was die Kinder am Computer machen. Wie soll ich es dann sperren? „Spielen" die nur? Das klingt so schön harmlos.

Manchmal komme ich ins Zimmer und die Laptops werden ruckartig zugeklappt. Was wurde denn da gerade „gespielt"? Das alte Rein-Raus-Spiel? Es macht mich wahnsinnig, dass ich keine Ahnung habe. Früher konnte man aus dem Fenster schauen und hat gesehen, dass die Kinder im Sandkasten sind. Da flog mal ein Förmchen, aber sonst war alles leicht überschaubar. Jetzt sind die vielleicht mit der Webcam in Pornoland oder schmeißen Cyber-Bomben auf virtuelle Großstädte ...

Ich kann den Anblick nicht mehr ertragen, diese leergespielten Augen, den freundlich-stumpfsinnigen Gesichtsausdruck, wenn man sie aus ihren digitalen Welten reißt.

Das schuldbewusste Lächeln beim Empfang einer SMS, die während der Mahlzeiten ankommt. Das ständige Gepiepse, Geklingel und Gerassel aus allen Jacken und Hosen! Damit ist ab heute Schluss! Ich will einen Neuanfang!

Ab sofort werden SMS nur noch auf dem Zimmer abgerufen. Wer beim Essen mit Handy erscheint, der muss es so lange in die Mikrowelle legen, bis es platzt. Verabredungen werden grundsätzlich am Festnetz getroffen, damit ich alles mitbekomme. Sogenannte Internet-„Recherchen“ (haha!) machen wir alle gemeinsam vor dem Familiencomputer.

Einen Hauptaugenmerk will ich auf Überraschungsangriffe legen. Einfach mal in der Dämmerung ins Jugendzimmer stürmen und die Bettdecken wegreißen. Da käme so mancher iPod hinter dem Buchrücken zum Vorschein! Wenn die Buchkulisse überhaupt noch zeitgemäß ist. Zugleich biete ich den Heranwachsenden betreute Ausflüge in die Natur an. Es soll übrigens auch Kleidungsstücke geben, in denen man sich schneller bewegen kann als in diesen Sackhosen, wo der halbe Hintern raushängt!

Was glauben Sie, wie gut denen das tut, wenn die Strahlung mal nachlässt. Ab 18 Uhr werde ich den Strom langsam drosseln und die akkubetriebenen Geräte über einen Laserstrahl leer laufen lassen. Denen werde ich zeigen, wie man die Welt beherrscht. Ab 20 Uhr geht das ganze Haus vom Netz! Analoge Schlafenszeit! In dringenden Fällen kann man bei uns natürlich immer noch an die Haustür klopfen. Jetzt kommt es nur darauf an, dass die Kinder mir nicht in ein anderes Netz abwandern.

Die kleine Welt der Kater

Ich wollte Ihnen heute mal wieder von den Katzen erzählen. Unsere beiden Kater, die sind jetzt so gut wie ausgewachsen. Ich bin so erleichtert, dass sie nicht größer werden. Von mir aus könnten sie jetzt auch wieder kleiner werden. Das Futter haben wir umgestellt. Die beiden bekommen jetzt Trockenmäuse. Ich habe in jeden Napf das Bild einer Maus eingravieren lassen, damit sie einen guten Appetit haben. Das Trockenfutter steigert den Jagdtrieb der jungen Männer. Durch eine Erweiterung der Geschäftsfelder auf die Nachbarschaft sind sie breiter aufgestellt. Das schafft Arbeitsplätze in der heimischen Mauswirtschaft.

Katzen sind wirklich anspruchslos. Ok, am Morgen stecken sie voller Erwartungen, weil sie die ganze Nacht von Fisch und Fleisch geträumt haben. Aber dann, nach der Fütterung – ein Kinderspiel! Ach was, es geht viel leichter als mit Schulkindern.

Eine Katze duscht nicht, fönt sich auch nicht das Fell. Sie braucht keinen Ranzen, kein Pausenbrot, kein Kopiergeld. Man lässt sie einfach aus der Tür – übrigens ja auch ohne Kleiderdiskussion. Ich habe auch noch keinen Kater mit Ohrenstöpsel und iPod loslaufen sehen. Wir wissen gar nicht, was sie vormittags tun. So weit ich weiß, verdienen sie auch kein Geld!

Ein Engagement für das Gutenberg-Museum, das würde sie überfordern, weil sie kein historisches Bewusstsein haben. Sie denken von Maus zu Maus. Unsere Kater sind sehr bodenständig. Fast schon provinziell. Die wissen gar nicht, dass es andere Vororte als Finthen gibt.

Da brauche ich gar nicht zu fragen, ob sie mitkommen ins Baseball-Stadion nach Gonsenheim. Da sind wir gestern hingefahren. Mit dem Fahrrad. Hinten rum, durch die Gemüsegärten. Übrigens eine herrliche Strecke. Da könnte man schon mal mit einem Kater auf dem Gepäckträger vorbeifahren und ihm die schönen Gärten zeigen. Oder den ziemlich neuen Springbrunnen an der Koblenzer Straße! Den hätte ich den Katzen gerne mal gezeigt und mit ihnen über den Standort diskutiert. Ob das denn richtig ist, einen Brunnen zu bauen direkt an der Hauptverkehrsader? Ich weiß es nicht. Vielleicht hätte man da lieber ein Autokino hingestellt.

Aber bevor ich den Katern Gonsenheim erkläre, müsste ich denen erstmal schonend beibringen, dass sich durch den Ortskern von Finthen täglich sinnlos Tausende von Autos durchquälen, um an den Sertoriusring zu fahren, was man durch eine simple Autobahnabfahrt verändern könnte, aber nach Menschengesetz nicht darf.

Nein, das wollen die gar nicht wissen. Sie sollen stolz sein auf ihren Vorort, ihre Welt! Unsere Kater tragen einen kleinen Silberspargel am Hals – einen Tierorden, den ich ihnen selbst überreicht habe. „Ihr seid Finther Kater!" hab ich den beiden gleich nach der Ankunft aus Lörzweiler gesagt. „Von euch erwarte ich, dass ihr auch mal einen von diesen Biebricher Papageien runterholt!" Die beiden haben mich angeschaut, als ob sie eine Fischgräte verschluckt hätten.

Nie hätte ich vor einem Jahr damit gerechnet, dass mir irgendwann mal was an Katzen liegt. Wir haben uns alle an die beiden gewöhnt. Und ich glaube, die ganze Familie hat sie lieb gewonnen. Ich kenne niemanden, der so verlässlich vor der Tür steht, der so pünktlich zum Essen erscheint und der sich so viel Zeit nimmt, um gestreichelt zu werden. Und wie rührend, wenn sie nachts heimkehren, unter Absingen schmutzigster Miaus, manchmal auch leicht angetrunken, weil sie eine Maus zuviel hatten. Dann legen sich beide wie zwei Löffelchen in den Korb und manchmal legt der eine Kater sogar noch die Pfote über die Schulter des anderen.

So muss es sein, denke ich, und schaue noch nach den Menschenkindern. Richte ein Kopfkissen hier, ein Kuscheltier dort, ziehe die Decke lang. Und wenn ich selbst im Korb – Verzeihung! – im Bett liege mit meinem Tigerschlafanzug, dann lege ich meine behaarte Hand vorsichtig auf die Samtschulter meiner Frau und schnurre: „Miau!"

Ende der Eiszeit

Haben Sie das gelesen? Die Oberbürgermeister von Wiesbaden und Mainz waren gemeinsam in einer Radiosendung. Ganz nett sollen sie zueinander gewesen sein. Nach all den Jahren der Eiszeit, der institutionellen Abneigung haben Michael Ebling und Helmut Müller Pläne geschmiedet für eine gemeinsame Zukunft. Man möchte eng zusammenrücken. Was soll das heißen? Eine Fusion? Eine Städtepartnerschaft?

Blicken wir mal zurück: Deutschland wurde vereinigt, der Warschauer Pakt hat sich aufgelöst, Nord- und Südkorea haben Familienzusammenführungen zugelassen, chinesische Dissidenten erhalten Ausreisegenehmigungen. Überall bewegt sich die Welt! Aber eine Annäherung von Mainz und Wiesbaden? Ist das wirklich nötig äh ... möglich?

Nirgendwo in Deutschland begegnen sich die Menschen unverwandter. Nirgendwo ist der Rheingraben so tief, die Fließgeschwindigkeit des Wassers höher. Nirgendwo auf der Welt ist die Kluft größer als zwischen uns und diesem dampfenden Kessel namens Wiesbaden. Seit vielen Generationen saugen die Mainzer Säuglinge ein paar Dinge mit der Muttermilch ein:

1. Helau
2. FSV und
3. Wiesbaden nein danke!

Umgekehrt gilt in Wiesbaden: Wer dreimal „Mainz" sagt, der bekommt lebenslänglich im Kloster Eberbach!

Ich selbst habe immer wieder Tagesreisen nach Wiesbaden unternommen, um mich vom ordnungsgemäßen Zustand der Vorurteile zu überzeugen. Ja, ein paar Jahre habe ich sogar im Westend gelebt, um mir darüber klar zu werden, wo ich niemals begraben werden will. Natürlich gab es einzelne Begegnungen in der Nachbarstadt, die mich hoffen ließen. Da war meine Schwester, die mir immer wieder übersetzt hat, wenn ich ratlos einem Nassauer gegenüber stand. Aber niemand konnte mir erklären, woher meine Niedergeschlagenheit kam, wenn ich diese Stadt betreten habe, gleichzeitig die Befreiung, das hüpfende Herz, wenn es wieder nach Hause ging.

Nächtelang habe ich die Touristen in Mainz bei Wein und Fleischwurst vor unvorbereiteten Besuchen „gegenüber" gewarnt, weil ich ihnen die Enttäuschungen ersparen wollte. Und das soll jetzt alles nicht mehr zählen? Diese scharfen Trennlinien sollen jetzt aufgeweicht werden zu „einer gemeinsamen Umweltzone mit gemeinsamen Rahmenbedingungen"?

Entschuldigung, aber wo soll das denn hinführen? Heißt das etwa, dass irgendwann die Wiesbadener auch Zugang zum „gemeinsamen" Finther Spargel bekommen? Dass sie „gemeinsam" Erdbeeren aus Drais, Äpfel vom Layenhof oder gar Süßkirschen von dem alten Baum naschen, den wir gestern Abend beim Joggen fast leergefuttert haben?

Können Sie ruhig schlafen bei dem Gedanken, dass sich eine Gruppe Wiesbadener im Lennebergwald herumtreibt und dort mit Schirm, Champagner und Melone eine tragbare Kurmuschel aufbaut? Diese verwöhnten Schnösel sollen sich satt essen an den Früchten der Natur, die wir über Jahrhunderte der sandigen Erdkruste abgetrotzt haben? Seit ich denken kann, sind sich diese beiden Städte auf den Geist gegangen. Und das soll jetzt alles umsonst sein? Nur weil zwei Oberbürgermeister keine Kraft mehr haben, sich ordentlich zu streiten?

Meine Bedingungen für weitere Gespräche sind ganz klar: ein sofortiger Abriss des Beduinenzeltes auf dem Kasteler Kreisel, die friedliche Rückgabe der West-Jordan-Gebiete (AKK) und des gesamten Rheingaus! Auch bei einer schnellen Einigung wird es viele Generationen dauern, die Menschen wieder behutsam an die Mainzer Lebensart zu gewöhnen. Wenn diese Forderungen erfüllt sind, dann kann ich mir sogar eine Aufhebung meines Auftritts-Embargos in der hessischen Schwefel-Metropole vorstellen. So, jetzt wünsche ich uns allen ein schönes Wochenende auf dem Landesfest. Auf nach Ingelheim, da sitzen unsere wahren Verbündeten!!

Gibt es ein Leben nach der Landung?

Zeitung lesen am Samstag ist ein Genuss, aber am Freitag kann es manchmal weh tun. Da wurde berichtet über das Gastspiel des Fraport-Vorstandsvorsitzenden Stefan Schulte im Bistum Mainz, das gemeinsam mit Fraport für die himmlischen Angelegenheiten zuständig ist. Schulte dozierte, dass nur etwa 30 – 40 Prozent des Fluglärms „objektiv messbar" sei, 60 – 70 Prozent sei eine „psychische Wahrnehmung". Lärm sei also auch „eine Kopfsache".

Ich möchte heute – im Anschluss an einen der schönsten, wärmsten und leisesten Spätsommertage der Welt – eine andere Rechnung aufmachen. Ich bin dazu bereit, den Müll auf der Erde zu trennen, Bio, Rest, Glas, Papier und Verpackung. Aber ich bin nicht bereit, noch eine Mülltrennung im Himmel vorzunehmen. Lieber Herr Düsentrieb, mich interessiert nicht, wie die 100 Prozent Fluglärm sich aufspalten, ob da noch 5 Prozent ans Tierheim abgeführt werden oder 19 Prozent Mehrwertsteuer drauf kommen. Ich weiß nur eins: Dieser Flughafen, dieses Wachstumsmonster verwandelt unsere Stadt in ein Gehörlosen-Zentrum. Es ist laut in den Sozialwohnungen, in den teuren Wohnungen, sogar in den renovierten Oberstadt-Villen wackelt die Designervase.

Beichtvater Schulte hat noch mehr zu erzählen: „Die 700.000 Flugbewegungen im Jahr 2020 werden wir nie und nimmer erreichen!" Wie? Soll ich da jetzt einen Luftsprung machen? Ist das Anwohner-Comedy von der Fraport? Oder die Vorbereitung darauf, dass doch nicht so viele Arbeitsplätze kommen, von denen seit 20 Jahren geredet wird.

Wenn ich meinen „objektiven" Schädel „physisch" aus dem Fenster halte und alle 60 Sekunden dröhnt eine „Kreissäge" drüber, mit einem schneidenden, metallischen Geräusch, dann muss ich sagen: 487 000 Flugbewegungen sind auch schon nicht schlecht. Ergotherapeutisch, meine ich.

An jedem schönen Tag in Mainz ist Fraport-Flugschau: Majestätisch schreiten die Luftkapitäne die Vororte Lerchenberg, Marienborn, Bretzenheim, das Schlesische Viertel und die Oberstadt ab. Machen sich her von der Seite über Mombach, Gonsenheim und Finthen, hieven sich über den Großberg, Hechtsheim und Laubenheim. Alle in Richtung Rendite-Paradies. Das ist kein Verkehrsweg mehr, sondern ein mehrgeschossiger Ausbau der Luft als Hangar!

Und weil in FRA mit vielen schmutzigen Tricks, die Politik und Wirtschaft bereithalten, eine Nord-West-Bahn gebaut wurde, über deren fatale Auswirkung sich jetzt alle wundern wie Neugeborene, wird der Fall jetzt zur „Kopfsache" – also müssen wir zum Arzt gehen, oder wie? Unsere Stadt ist kein Lärm-Müllplatz von Düsenflugzeugen!

KÖNNEN SIE MICH HÖREN, HERR SCHULTE?
ODER MUSS ICH NOCH LAUTER BRÜLLEN?

Sie, diese schöne Stadt, wurde einst gebaut, damit man sich in ihr wohlfühlt. Und sicher. Und geborgen! Es tut mir leid, aber ich kann mir meine Ohren nicht auf die Pobacken kleben! Ich schaffe es nicht, mir diesen Lärm auf wunderschönen Weinfesten, mit traumhaften Fußballspielen und mit Fleischwurst-Ringen über beiden Ohren schön zu trinken. Der Frankfurter Flughafen ist politisch und ökologisch völlig außer Kontrolle geraten!

Es ist schön, wenn wir überall in Mainz noch ein Fahrradhäuschen aufstellen, aber was sind ein paar Autos weniger gegen 500 000 Flugzeuge im Landeanflug? Ich bin nicht bereit, den Rest meines Lebens mit Diskussionen zu verbringen, ob und zu welchem Prozentsatz Lärm gut verträglich („psychisch") oder böse („objektiv messbar") ist.

Zum Schluss noch ein echter Schulte: „Man kann mit Arbeitsplatzzahlen nicht jede Belastung wegargumentieren." So isses – ganz recht. Da helfe ich lieber den Kurgästen in Wiesbaden in die Bademäntel.

So, das wär's. Übrigens war gestern noch ein schöner Tag. Ich danke den Flugbegleitern und der UFO * für ihren fehlenden Einsatz. Schon allein dafür haben sie mehr Geld verdient!

---

* *UFO ist die Gewerkschaft für das fliegende Personal der Lufthansa und befand sich damals in einem Streik für höhere Löhne.*

Der Morgen, an dem ich für meine Frau aufstand

Ich weiß, dass viele Männer jeden Morgen relativ früh aufstehen und zur Arbeit fahren. Da habe ich Glück, denn in meinem Beruf erwartet man von mir, dass ich zwischen 20 und 22 Uhr fit bin. Danach darf ich dann aufbleiben, solange ich will. Deswegen bin ich mit meiner Familie überein gekommen, dass ich morgens nur in äußersten Notsituationen wie Zimmerbrand, Erdbeben oder bei Kriegsausbruch geweckt werden will. Nun ergab es sich, dass meine Frau und ich neulich gemeinsam ausgingen und sehr lange unterwegs waren. Auf mein Drängen wurde die Heimfahrt immer wieder verschoben.

Als wir schließlich im Bett lagen an diesem Abend, flüsterte ich ihr in das fast schon eingeschlafene Ohr: „Schlaf du nur aus, mein Schatz, ich kümmere mich morgen früh um alles …" Mit einem seligen Lächeln schlief sie ein. Ich lag noch wach, denn zu spät war mir aufgefallen, dass der nächste Tag ein ganz normaler Schultag war. So kam es also, dass der Wecker um 6 Uhr 30 piepte. Sofort ließ ich ihn verstummen und ging mit staksigen Beinen los, um mein Versprechen einzulösen.

Alle vier Kinder zu wecken, das kann sehr einfach sein. Manchmal sind sie ausgeschlafen und gutgelaunt. Es gibt aber auch Tage, da läuft es etwas schleppend an. Leider hatte ich einen solchen erwischt. Das erste Kind – nennen wir ihn Samson – liegt noch im Tiefschlaf. Wie ein röhrender Hirsch atmet der für sein Alter große Junge, das Fenster geschlossen, die Sauerstoffsituation im Zimmer kritisch. „Aufstehen, mein Lieber!" flüstere ich einfühlsam. Keine Reaktion. Ich flute den Raum mit Licht, noch immer keine Reaktion. Ich öffne das Fenster und lüfte quer. Nichts. Erst ein kalter, nasser Waschlappen, den ich ihm auf dem Bauch auswringe, bringt schließlich den Erfolg. Großes Gebrumme und schließlich das Aufrichten des Körpers. Er ist sauer, aber er wird aufstehen.

Das nächste Zimmer: Ein etwa ein Meter hoher Kleiderhaufen deutet an, dass hier verschiedene Sachen anprobiert wurden. Das Kind selbst – nennen wir ihn Schlendrian – ist nicht anwesend. Es duscht! Dicke Wasserwolken wabern aus dem kleinen, überstrapazierten Bad. Hier duscht jemand über den Zenit. Ich stelle am Haupthahn das warme Wasser ab, bis ich einen spitzen Schrei höre. „Komm raus, die Stadtwerke haben schon angerufen …", brülle ich und husche durch den Flur, um das größte Kind – nennen wir sie Cinderella – in die Spur zu setzen.

Mädchen im Alter zwischen 16 und 18 Jahren haben sehr lange Aufrüstzeiten, denn sie rechnen offenbar täglich damit, dass irgendein Cabrio-Prinz sie von der Schule abholt und mit ihnen wochenlang durch Südeuropa fährt. Cinderella fönt sich bereits. Eventuell wird das Haar auch noch geplättet oder geglättet.

Im Zimmer pulsiert ein schwerer Morgen-Beat aus den Boxen. Ich werfe einen Blick auf den gigantischen Kleiderhaufen und überlege, ob ich ihn mal ins Internet stelle. Für die Cabrio-Prinzen. Zur Info!

Am Ende, als das fast erwachsene Mädchen im Flur steht, kann ich nicht erkennen, ob sie zur Echo-Preisverleihung oder in die Schule geht.

Da fällt mir siedend heiß ein, dass noch jemand fehlt.

Im letzten Kinderzimmer räkelt sich – sagen wir – Würmchen. Würmchen ist sechs Jahre alt und stocksauer, weil ich sie so spät geweckt habe. Mit riesigen Versprechungen, die ich nie einhalten kann, gelingt es mir, sie zum Frühstück zu locken. Vor dem Bett hat sie einen kleinen Kleiderhaufen aus zwei Strümpfen gebildet. Eine Vorübung für den großen.

In der Küche herrscht eine gewisse Anspannung. Trotz mehrerer kleiner Kasperle-Aufführungen mit Kochlöffeln gelingt es mir nicht, die Miene von Würmchen aufzuhellen. Die anderen löffeln stumm aus ihren Müsli-Schalen und schütteln den Kopf. Über dem Puppenspiel habe ich die Pausenbrote vergessen, die ich jetzt überhastet schmiere. Gleichzeitig beißen mir die beiden Kater ins Bein, weil sie auch Hunger haben.

Ich müsste mal, aber das geht jetzt gar nicht. Schuhe müssen gefunden werden, Jacken werden gesucht, Haargummis vermisst. Spitze Schreie, Panikläufe nach unten und oben künden den nahen Abschied an. Viermal schlägt die Haustür zu, zweimal die Katzenklappe. Alle weg! Ächz! Jetzt erstmal ins Bett.

Meine Frau räkelt sich und flüstert mit geschlossenen Augen „Alles klar?“ Ich schmiege mich an sie und murmele: „Kein Problem.“ Draußen brummen die Schulbusse.

Die Nacht im Hotel

Manchmal wache ich berufsbedingt in einer anderen Stadt auf. Weil ich fast jeden Tag in meinem Leben später ins Bett gehe als empfohlen, erwache ich natürlich nicht insgesamt, mit einem Ruck, voller Tatendrang, sondern eher zögerlich, in Teilabschnitten. Zuerst meldet sich mein Bewusstsein. Nicht freiwillig, übrigens. Irgendein Geräusch hat meinen Schlaf unterbrochen. Das kann einer von diesen phantasielosen Weck-Pieptönen sein, das kann aber auch der Müllwagen oder – saisonal bedingt – ein penetranter Vogel sein, der vor meinem Fenster eine Familie gründen will.

Also: Ich liege im Hotel. Zuerst erwacht das Gehirn. Direkt am Gehirn wohnt auch mein Pflichtbewusstsein. Irgendeinen Grund gab es doch für das Weckgeräusch. Ach ja, die Heimreise ... Ich gebe zu, dass die Pflicht morgens bei mir nur zur Miete wohnt. So richtig zuverlässig wach bin ich eigentlich erst am Abend. Zu einem ordentlichen Aufwachen gehört natürlich auch, dass man die Augen öffnet. Das fällt mir an manchen Tagen wahnsinnig schwer, weil meine Augen noch nicht so weit sind. Das hängt wohl mit den Lidschlusszeiten zusammen. Die Augen scheinen verärgert darüber zu sein, dass das Hirn sich hat wecken lassen und weigern sich, die Rolläden hoch zu ziehen. An manchen Tagen sind meine Augenlider so verschlossen, ja völlig verklebt, so dass ich sie manuell öffnen muss.

Ich liege also bei Bewusstsein in diesem Hotelzimmer. Wie an jedem Morgen in meinem Leben taste ich mit der Hand zur anderen Bettseite. Das kennen viele Männer in festen Beziehungen; eine Art Partnerkontrollgriff, das geht von einem kurzen Tupfer (Sie ist da!) bis zu einem Stupfer (Gut, dass sie da ist!) bis zu einem Lupfer (Komm rüber auf meine Seite!). Ohne Lupfer wäre ein Großteil unserer Kinder nicht auf die Welt gekommen. Wenn an dieser sonst so weichen Stelle aber die harte Fernbedienung liegt, dann weiß ich, dass ich im Hotel bin. Das muss kein Nachteil sein.

Eine Nacht im Hotel ist immer ein bisschen aufregend. So ähnlich wie im Urlaub, aber eben ohne Familie. Wenn man öfter mal in einem anderen Hotel übernachtet, dann passiert es unweigerlich, dass man Vergleiche anstellt. „Das Hotel in Weimar, das ist toll." „Kennst du das Dingsda in Berlin erst, wie cool!" „Wenn ich in Hamburg bin, dann nur im Blabla ..." „Dieser kleine Landgasthof mit den linksdrehenden Rühreiern aus der Ökopfanne – da musst du mal gefrühstückt haben ..." usw.

Jeder hat seine Erfahrungen, seine Vorlieben, seine Standards. Für mich fängt alles bei der Größe des Zimmers an. Ein zu kleines Zimmer, womöglich noch mit Dachschräge, löst bei mir das Gefühl aus, dass ich eine Art offenen Vollzug antreten muss. Auch die Bettengröße verrät viel über das Haus. Ich bewohne am liebsten Doppelzimmer zur Einzelnutzung. Nicht, dass ich mit dem Gedanken spielen würde, dass noch jemand spontan dazu kommt. Nein, mir geht es nur um diesen Griff am Morgen. Und natürlich die Sicherheit. Aus einem Doppelbett wälzt man sich nicht so leicht hinaus.

Entscheidend in jeder Schlafsituation ist für mich, dass ich meinen Arm strecken bzw. ausfahren kann. Zuhause hat der Arm seinen angestammten Platz, da bildet ein kleines Sonderkissen die Brücke zum Nachttisch. Die andere Seite ist gesichert durch meine Frau. Je länger man verheiratet ist, desto routinierter kann man auch mal eine Simultan-Wende vornehmen. Es gibt Nächte, da rufe ich meiner Frau zu „Und hopp!“ und wir werfen uns gemeinsam auf die andere Seite.

Einmal ist es mir im Hotel passiert, dass ich „Und hopp!“ gerufen habe, obwohl ich alleine war. Da bin ich aus dem Bett gefallen, habe die Nachttischlampe mitgerissen und die Kissenkonstruktion fiel in sich zusammen. Ich sollte wirklich öfter zuhause schlafen. Neulich kam meine Frau an den Frühstückstisch und da hab ich ihr meine Zimmernummer gesagt. Verrückt, oder?

Also, genießen Sie die Nächte zuhause und üben Sie das mal mit der Simultan-Wende. Und hopp!

Ein Leben ohne Frau – sinnlos!

N**eulich hab ich** mich hinter einer Zeitung versteckt und so getan als ob ich lese. Tatsächlich aber habe ich beobachtet, wie meine Frau das alles so macht. Wie sie die Kinder in die Spur gesetzt hat. Wie geschickt sie die Portionen verteilt hat, als wir gegessen haben. Wie sie während des Essens noch für jedes Kind eine Erinnerung bereit hält, eine kleine Aufgabe, manchmal eine Ermahnung.

Wie sie dies und wie sie das ...

Also das könnte ich nicht. Das würde ich nicht schaffen. Diese Geduld, diese Ruhe, diese Konzentration, da wäre ich schon längst explodiert.

Und dann stand sie da so in der Küche, sah toll aus, hatte die Bluse ein bißchen hochgekrempelt und backte auch noch einen Kuchen. Sie ist ein Phänomen. Jeden Abend geht sie noch mal durch alle Zimmer, sie flüstert, sie singt, sie schreit, aber sie hört auch zu, sie fühlt sich ein. Mein Gott, denke ich an solchen Tagen, und was hast du heute hingekriegt? Was hast du eigentlich erreicht?

Gut, ich war mal kurz tanken. Um ein Haar hätte ich das Leergut weggebracht. Auf meinem Schreibtisch liegt ein Zettel mit Erledigungen, die ich bereits seit über einem Jahr vor mir herschiebe. Ab und zu aktualisiere ich den Zettel als Datei und schicke ihn mir wieder zu. Aber durch die EM und das Ausprobieren der neuen Gartenmöbel komme ich einfach nicht dazu, die Sachen zu erledigen. Ich könnte viel mehr, denke ich. Wenn ich nur wollte, dann wäre alles schon längst erledigt.

Und während ich noch darüber nachdenke, taucht sie wieder auf: Kommt aus dem Unterholz, zwei Kinder unter dem Arm, eine Katze über der Schulter und den Gartenschlauch zwischen den Zähnen. Fröhlich zwinkert sie mir zu.

„Soll ich Dir etwas zu essen machen?“ fragt sie mich. „Ich hab eine frische Bio-Lende mit dem Elektroauto vom Bio-Vollwert-Hof geholt!“

Schnell breitet sich der Geruch von frisch gebratenem Fleisch in der Küche aus. Hm, denke ich, während ich ein bisschen in einem schon lange angefangenen Buch mit sehr kleinen Buchstaben blättere, so patent möcht ich auch mal sein.

Schweinelende mit Salat und Spargel mit einer Sauce Hollandaise ... War das nicht die Frau vom neuen französischen Staatspräsidenten? Egal, es schmeckt einfach. Und der Nachtisch ... Ach, so ein Essen tut mir einfach gut. Ich bin müde und schaue aus dem Fenster in den Garten.

Meine Frau – sie hat nur ein Schälchen Salat genascht – macht sich fertig für ihre Leistungssportgruppe, in der sie einmal in der Woche schwerste Übungen (Lende, Bein, Po) auf die härtesten Beats abtanzt. Gegen 21.30 Uhr kehrt sie zurück, pfeifend, kurze Zeit später frisch geduscht und bestens gelaunt. Sie trägt dieses leichte Abendkleid, das sich zwar um ihren Körper schlingt wie ein leichter Sommermantel, aber irgendwie auch einen Einblick gewährt. Immer wieder geht mein Blick hin und her, vom Fernseher zu ihr und zurück. Keine Frau in der Werbung kann ihr das Duschgel reichen, denke ich, während ich mir ein kühles Glas Weißwein nachschenke.

„Na, mein Fürst ... was machen wir denn jetzt noch?“ schnurrt sie und rollt sich neben mich. Tja, und wenn Sie jetzt denken: Mensch, hat der ein Glück mit seiner Frau, dann muss ich Ihnen gestehen, dass ich an ein paar Stellen auch etwas dazu erfunden habe. Ich sag aber nicht, wo!

First Class für Knorzels

Endlich ist es soweit. Der Sommer ist da, die Zeugnisse waren da und jetzt kommen die Ferien. Juhu! Und wenn man dann noch ein Reiseziel hat, irgendwo im Süden, na dann muss man nur noch losfahren. Oder?

Also ich muss vielleicht vorneweg sagen, dass ich unheimlich gerne weg bin. Ja, ich genieße das sehr, denn zuhause lauert immer irgendeine kleine Pflichtübung. Und wenn man weg ist, dann wird man leichter und unbeschwerter. Die Fremde hat immer etwas Aufregendes. Man muss sich zurechtfinden und das hält einen auf Trab.

Aber auf eines könnte ich, glaube ich, ganz gut verzichten: Auf die Abreise. Genauer gesagt: Auf die Abreisevorbereitungen. Denn irgendwas machen wir da falsch. Jedes Mal setzen wir uns ein paar Tage vorher hin, meine Frau erstellt Listen und wir besprechen alles, ganz in Ruhe. Wir sprechen mit den Kindern, was sie alles einpacken müssen, wir sprechen mit den Tieren, warum sie nicht mitkommen dürfen und wir sprechen mit den Nachbarn, den Freunden und den Eltern, die dann im Haus wohnen oder stichprobenartig den Briefkasten überprüfen sollen.

Eigentlich ist alles ganz gut vorbereitet, aber wenn dann der Abreisetag naht, dann wird es doch immer hektisch. Nein, es wird sogar plötzlich sehr ungemütlich. Und es gibt kaum einen Abreisetag, an dem ich nicht denke, dass ich eigentlich zu denjenigen gehören möchte, die daheim bleiben. Woran liegt das? Vielleicht daran, dass die Kinder nur noch lethargisch in ihren Zimmern rumliegen und auf einmal keine Idee haben, wie sie ihre Rucksäcke packen sollen. Liegt es daran, dass alle Wäschestücke gewaschen worden sind, so dass manche weibliche Wesen (ich will hier keine Namen nennen) denken, sie könnten ihren ganzen Kleiderschrank im Auto verstauen? Wer ist dafür verantwortlich, dass ich genau an dem Morgen, an dem es losgehen soll, so kaputt bin? Und wer hat meine Lieblingsunterhose in den Koffer gepackt, so dass ich nicht mehr drankomme?

„Jeder packt für sich!" höre ich meine Frau noch rufen. „Dann kann sich auch niemand beschweren!"

Aber ist das nicht die hinterhältigste Form von Freiheit, die man sich überhaupt vorstellen kann?

„Jeder für sich!" – Das ist das Ende für die meisten von uns! Und das weiß meine Frau. Deshalb kostet sie diesen Triumph auch aus. Die zunehmende Orientierungslosigkeit von uns, die wir nicht wissen, wo was liegt.

Übrigens auch, was was wiegt. Das ist bei der kleinkarierten Gramm-Zählerei der meisten Fluggesellschaften heute auch nicht mehr selbstverständlich.

Der Flug kostet für die ganze Familie hin und zurück 80 Euro, aber das Gepäck muss man mit 600 Euro kalkulieren. Also wiegen wir drei Tage lang jedes T-Shirt, jedes Taschenbuch ab, damit die Reise daran nicht scheitert oder unbezahlbar wird. Nie werde ich vergessen, als wir im Rahmen eines Billig-Fluges noch das Zusatz-Luxus-Paket „Priority Boarding" gelöst hatten. Diese kleine Gebühr entspricht in etwa der Wirkung, die es hätte, wenn man beim Aldi – obwohl man ganz hinten steht – ganz vorne ans Laufband kommen darf. Die First Class für Knorzels.

Kennen Sie das Gefühl, wenn man als erster in den harten Affenschalen Platz nehmen kann, die mit einer Kniefreiheit von etwa 5 Zentimetern berechnet wurden? Den Kopf kann man in manchen Fliegern sogar (gebührenfrei) zur Seite drehen. Und wenn wir dann also alle im Flugzeug sitzen, unten im Bauch des Blechvogels unsere federleichten Köfferchen schweben und uns für 5 Euro die kleinste Dose Cola der Welt gekauft haben, dann kommt so langsam das Gefühl auf, dass wir im Urlaub sind. Den brauch ich aber dann auch. Allein schon wegen der Vorbereitungen!

Der Flug übers eigene Haus

Heute will ich beichten. Also ich muss gestehen, dass wir ... ähm ... also wie soll ich sagen. Vielleicht fange ich anders an: Ich weiß natürlich, dass es eigentlich besser ist, wenn man zum Flughafen fährt, um dort zu demonstrieren. Aber irgendwie, neulich, ich weiß nicht, wie es passieren konnte, aber wir sind – über einen Bekannten, der uns hingefahren hat, also mit Koffern und so – und plötzlich standen wir da vor dem Bus, der uns zum Flugzeug ... Tja, und dann war's passiert: Wir sind in den Urlaub geflogen!

Der riesige Vogel legte ab, rollte ein paar Straßen weiter, stellte sich auf eine lange Betonpiste und raste los, ohne jede Vorankündigung – Vollgas! Immer mehr Fahrt nahm die tonnenschwere Röhre auf, bis es dem Piloten wohl sicherer erschien, die Räder einzuklappen und die Fahrt als Flug fortzusetzen. Ich saß am Fenster und nach einigen Minuten Flug konnte ich es erkennen: Unseren Lieblingsvorort, die Kirchen, die Sport- und Spielplätze, die kleine Straße und schließlich: Unser Haus! Kaum zu verwechseln, obwohl ich es meistens von unten anfahre.

Aber was war das? Stand da unten etwa jemand und ballte die Faust? Einen Moment glaubte ich sogar zu erkennen, wer es war: André Streicher! Der mit dem silbernen Cabrio. Wir waren gut befreundet. So manches Glas Wein hatten wir zusammen getrunken und uns über den Fluglärm unterhalten. Zur Sicherheit verbarg ich mich hinter einer Zeitung. Wenn ich ihn da unten erkannte, war es vielleicht möglich, dass auch er mich hier oben entdeckte. Ich habe ein schlechtes Gewissen. Warum tue ich ihm das an, diesen Lärm, diese schlechte Luft?

Im Flugzeug war es ruhig. Wir waren nicht allein. Es war ausverkauft. Ich drehte mich vorsichtig um, mal sehen, wer da alles mit uns flog. Fünf Reihen hinter uns entdeckte ich zwei altbekannte Gesichter. Die Federhalters! Auch aus unserer Straße. „Aha!" flüsterte ich meiner Frau ins Ohr, „die also jetzt auch!"

In den meisten Flugzeugen werden ja kurz nach dem Start erst einmal Getränke gereicht, damit sich die Anschaffung der viel zu kleinen Bordtoilette bezahlt macht. Ich bestellte mir einen Tomatensaft und versuchte meine Gedanken zu ordnen. Ich war in einem Dilemma. Einerseits, dachte ich, bin ich natürlich für Wohlstand. Und der Flughafen schaffte viele Arbeitsplätze. Sogar Sitzplätze hatte man für uns reserviert.

Von Kind an war ich fasziniert von Flugzeugen. 60.000 PS, das war schon was. Ein eindrucksvolles Beispiel für die Überwindung der Schwerkraft. Und natürlich auch für die Überwindung von unwegsamem Gelände. Als ich klein war, fuhren wir regelmäßig mit meinem Vater zum Flughafen, ganz nah an den Zaun, um die großen Maschinen starten und landen zu sehen. Riesige Eisenvögel, die mit ohrenbetäubendem Lärm über unsere Köpfe rauschten. Wir konnten gar nicht nahe genug herankommen.

Als Kind habe ich nicht damit gerechnet, dass ich jemals Ruhe brauchen würde. Inzwischen hat sich die Anzahl der An- und Abflüge über unserer Stadt enorm gesteigert.

Flugzeuge in dieser Menge finde ich heute nicht mehr interessant und von den Millionen Passagieren, die jedes Jahr nach Frankfurt fliegen, um dort umzusteigen, habe ich auch noch keinen kennengelernt. Ich kann das Geräusch nicht mehr hören. Im Übrigen muss ich auch nicht fliegen. Ich muss nur äußerst selten nach New York, fast nie nach Paris und nach Sizilien auch nur in Ausnahmefällen. Kürzere Strecken überwinde ich grundsätzlich mit dem Fahrrad. Ausnahmsweise fliege ich nach Berlin. Naja, München ist auch schon mal dabei. Hamburg, bei Regen! Verdammt nochmal, ich habe nichts gegen das Fliegen, wenn ich selbst im Flugzeug sitze!

Zwei Wochen später. Der Urlaub war schön, das Wetter warm und wir setzen auf der Landebahn auf. Vereinzelt wird applaudiert. Wir verlassen unsere Maschine am Flugsteig B 53. Das bedeutet leider, dass wir den Rest des Tages benötigen werden, um zur Gepäckausgabe zu gelangen. Tausende von Menschen hasten durch den Gang und suchen ihre Bestimmung, ihre Destination! Menschen aus aller Welt, Geschäftsleute, wohlhabende Rentner, Familien mit hektischen Flecken, Hunde mit verängstigtem Blick, Babies mit vollen Windeln. Man weicht sich aus, man berührt sich, einige laufen gegen Glastüren. Täglich saugt der Flughafen Hunderttausende von Menschen ein und pumpt sie in die Flugzeuge. 1000 Mal am Tag atmet er ein, 1000 Mal aus.

Kurze Zeit später. Ich stehe bei uns im Garten. Es ist Ostwind, herrliches Wetter und ich habe mir eine Liege vorbereitet. Aus diesem heiteren Himmel tauchen plötzlich Flugzeuge auf, nicht eins, nicht zwei, sondern im 50-Sekunden-Takt röhren und kreischen sie übers Haus. Ich schaue nach oben und balle die Faust. Vielleicht sitzt jetzt der Nachbar im Flugzeug. Auf meinem Platz. Er sieht mich und denkt hoffentlich: Mensch, warum tu ich ihm das an?

Meine Frau legt mir immer Zettel hin

K**ennen Sie das** auch mit den Zetteln? Es gibt ja bei den Frauen zwei Glaubensrichtungen. Die einen sagen immer „Wir müssen reden" und die anderen schweigen und schreiben dann einen Zettel.

Meine Frau legt mir immer Zettel hin. Immer, wenn ich morgens aufwache, liegt da ein Zettel. Wenn ich Glück habe, steht drauf: „Guten Morgen".

Wenn ich Pech habe, dann steht da: „Bitte Spülmaschine aus- und einräumen!" Aber es sind doch Ferien! Ich schlafe so lange es irgendwie geht.

Neulich lag da ein Zettel: „Bitte Wäsche aufhängen, Geschirr einräumen und Essen vorbereiten!" Ja, hab ich gedacht, toll! Soll ich vielleicht auch noch den Garten umgraben bis zum Mittag. So ein Mist! Und ich wollte, dass der Tag sich ganz zwanglos, wie von selbst entwickelt. Einfach nur chillen & grillen ... Das hab ich von den Kindern!

Wenn wenigstens mal ein Zettel da läge mit der Aufschrift: „Guten Morgen ihr Faulis, heute habt ihr frei. Schlaft so lange ihr könnt und rührt nichts an, bis ich wieder da bin!" Das wär's mal. Den Auftrag zu bekommen, nichts anzufassen. So wie im Kriminalroman, wenn die Spurensicherung kommt und der Leiter der Ermittlungen sagt: „Bitte lassen Sie alles genau so, wie es war!"

Letzten Dienstag bin ich aufgestanden und ins Bad gegangen. Da lag ein Zettel. „Bitte Toiletten mit Reiniger durchwischen, Fenster putzen und sämtliche Mülleimer leeren." Da war ich richtig wütend und hab sie sofort angerufen. Aber es stellte sich heraus, dass der Zettel gar nicht für mich war. Es war wohl ein Hinweis für unsere Putzfrau.

Meine Frau hat das mit den Zetteln wirklich kultiviert. Sie schreibt Abkürzungen wie z. B. „Ekf erl." Das bedeutet „Einkauf erledigen".

Oder sie kritzelt „GuMo, bitte sämtl. Leergut weg und gelbe S. auf Str."

„Säcke" kürzt sie immer ab, weil sie weiß, dass ich mich vor diesen gelben Säcken ekele.

Die Kinder fangen auch schon an mit diesem Zettelschreiben.

„Bin weg!" lag neulich einer im Flur. „Bin rüber, komme später", stand da in Krakelschrift.

Wie witzig ist das denn? Woher soll ich denn wissen, wo „rüber" ist und wann genau „später" einsetzt? Und als mein Sohn nach einem Zornausbruch, einer riesen Schreierei, neulich auch noch den Zettel hingelegt hatte mit der (sehr gut lesbaren) Aufschrift: „Leckt mich, bin weg!" Da hat's mir gereicht.

Ab heute wird zurückgeschrieben und zwar hier in der Zeitung.

„Hallo Kinder, lasst eure bildschirmgeröteten Augen mal ausnahmsweise nicht nur auf dem Sport- oder Panorama-Teil nieder. Lest her: Ich will, dass jeder von euch nach dem Frühstück sein und mein Geschirr in die Maschine räumt (Schälchen vorher gut ausspülen, sonst werden sie nicht sauber!). Dann bitte alle Mann die gelben Säcke rausstellen! (Iiieh!) In Absprache mit meinem altmodischen Empfinden für Ordnung möchte ich euch bitten, sämtliche Schuhe und Strümpfe, T-Shirts, Jacken, Ohrenstöpsel, Handtaschen und Rucksäcke ... ach, einfach ALLES immer wegzustellen und aufzuhängen. Noch ein Hinweis in eigener Sache: Ich schlafe! Und hier noch ein Hinweis an meine Frau Uschi *: Bitte mach keinen Quatsch! Leg dich morgens zu mir, massier mir den Rücken, bring mir einen Kaffee, aber schreib mir nie wieder einen von diesen blöden Zetteln!“

Zack! So hab ich's drucken lassen in der Zeitung. Tja, und da war erstmal Ruhe im Haus. Drei Tage Stille. Nichts. Kein einziger Zettel. Aber auch kein Geschrei. Und dann hab ich irgendwann die Zeitung reingeholt, den Lokalteil aufgeschlagen und plötzlich wurde mir klar, warum es so still war.

Da stand nämlich: „Familie ohne Vater und ohne Zettel in Urlaub gefahren.“

---

* *Name geändert.*

Wenn ein Mann sich geschickt anstellt

Ich will gar nicht lange drumherumschreiben: Also handwerklich bin ich nicht sehr geschickt. Das war auch vor der Hochzeit bekannt. Daraus habe ich nie einen Hehl gemacht. Von Anfang an habe ich das offen zu bedenken gegeben. Und wenn ich mich recht erinnere, dann war meiner Frau das auch damals, als wir zum Standesamt fuhren, alles „nicht so wichtig“, ja sogar „egal“.

Aber je länger wir verheiratet sind, desto mehr habe ich den Eindruck, dass sie doch heimlich für Männer mit praktischer Begabung – beispielsweise ihren Vater – schwärmt. Vielleicht hat sie auch darauf spekuliert, dass ich im Laufe der Jahre dazu lerne, dass ich mir einen Grundstock an praktischen Fähigkeiten aneigne.

Ich würde nicht sagen, dass ich stehengeblieben bin in diesem Bereich. Es gibt Momente, da kann auch ich noch Eindruck machen auf große Teile der Familie, z.B. wenn ich ein schwer zu öffnendes Marmeladenglas aufschraube oder eine Erdkröte, die sich im Haus verirrt hat, mit der Hand fange und neben dem Erdal-Frosch in Mombach wieder aussetze. In solchen Augenblicken sehe ich in den Augen meiner Frau auch Stolz und Anerkennung.

Aber es gibt andere Dinge, da muss ich passen. Da kenne ich mich nicht aus. Gerade neulich hatten wir eine Situation mit der Spülmaschine, da wusste ich einfach nicht mehr weiter. Also was heißt weiter? Ich wusste gar nichts. Die Arbeit mit einer Spülmaschine ist mir natürlich vertraut, aber ich hatte nie das Verlangen, mich während des Spülvorgangs im Inneren umzuschauen.

Ich kann sowas nicht. Ich repariere nicht. Ich gehöre eher zu denjenigen, die endgültig kaputt machen. Wenn das Sieb oder irgendeine verfluchte Kappe sich nicht öffnen lässt, dann bin ich derjenige, der das ganze Ding abreißt. Es gibt Schrauben, die ich wirklich gut lösen kann, aber kurz darauf fallen sie in irgendwelche unerreichbare Nischen. Bevor ich also repariere, frage ich meine Frau immer: „Was kostet sowas neu?“ Damit muss sie einfach rechnen, wenn ich selbst Hand anlege. Meine Reparatur endet meistens mit einem spitzen Schrei und dann kann, dann muss der Fachmann kommen.

So war es auch diesmal. Er war mittleren Alters und hatte wohl wahnsinnig viel Erfahrung. Ich kannte seinen Namen nicht und hatte ihn im Vorfeld nur den „Spülmaschinen-Fritzen“ genannt. Er musste sein halbes Leben unter Küchenzeilen verbracht haben. Ich blieb während der Reparatur in der Nähe, getrieben teils durch Neugier, teils auch durch Eifersucht. Ich hatte gleich bemerkt, wie die Augen meiner Frau leuchteten, als er seinen Werkzeugkoffer öffnete.

Schon nach kurzer Zeit musste ich also mit ansehen, wie die beiden fast vollständig in der Spülmaschine verschwanden. Die Stimmen klangen gedämpft. Meine Frau gab ihm einen Mängelbericht. Ich muss zugeben, dass er ein Könner war. Nach wenigen Minuten rief er laut: „Oh Gott, wer war denn hier dran?" Meine Frau schwieg. Wusste sie, dass ich mithören konnte?

Der Spülmaschinen-Ingenieur reparierte nach allen Regeln der Kunst. Mal verschwand er im Spülraum, zum Atmen kam er nach draußen. Darüber hinaus brachte er Dinge ans Licht, die wir ewig gesucht hatten, u. a. ein Obstmesser, zwei Gabeln und ein Paar Strümpfe, das ich schon aufgegeben hatte.

Am Ende stand er auf, wusch sich kurz die Hände im Becken und erklärte: „So, das hätten wir. Nun läuft sie wieder!" Meine Frau brachte ihn zur Tür. Ihre Augen funkelten. „Auf Wiedersehen", flötete sie und schloss die Tür mit einem Seufzer. In den folgenden Tagen wirkte sie distanziert und wich mir aus. Sie stand öfter als sonst an der Spülmaschine. Nach einer Woche sah ich mich zum Handeln gezwungen. Ich drehte alle Marmeladengläser fest zu und setzte mehrere Erdkröten in der Küche aus. Schon nach kurzer Zeit hörte ich einen spitzen Schrei und meinen Namen.

Autofahren ist schwerer geworden

Na, sind wir alle wieder da? War's schön in den Ferien? Ging's gut? Es wird ja immer schwieriger zu verreisen und das muss nicht nur am Geld liegen. Unterkünfte sind billig, aber man muss ja auch hinkommen. Und zurück! Und wenn man mit dem Auto fährt, dann ist nicht der Weg das Ziel, wie es immer so schön heißt, sondern der Weg ist das Problem!

Manchmal sehne ich mich nach den 60er Jahren. Da waren viele Frauen noch so unsicher, dass man ihnen zeigen musste, wie man die Autotür öffnet. Damals fuhren nur Männer. Kurz-, Mittel- und Langstrecke! Vor der Fahrt beugten sie sich über eine Weltkarte, dann sind sie eingestiegen und über den ganzen Kontinent gefahren. Ohne Anhalten! Ohne Granufink! Die Frau saß zum Fahrtantritt frisch wie eine Blume neben ihm. Der Führer – Verzeihung! – der Fahrer saß vorne. Sie reichte Schnittchen und Getränke und unterhielt die Kinder mit Ratespielen. Diese lagen übrigens unangeschnallt auf der Hutablage. Gleich neben dem Dackel und der eingehäkelten Rolle. So war das damals.

Und heute? Heute sitzt neben mir eine vollausgebildete Reise-Assistentin! Falls ich müde würde, schlägt meine Frau vor, könne sie mich am Steuer ablösen. Ich unterdrücke ein Lächeln. Müde? Ich? Nein, dazu wird es wohl nicht kommen, aber es ist trotzdem eine nette Geste von ihr. Ich fahre jetzt in der vierten Generation Auto. Ich halte mich für einen der wenigen Autofahrer, die ihr Fahrwerk noch beherrschen. Es gibt nur eine Behörde (in Flensburg), die meinen Fahrstil trotz vieler Erklärungsversuche noch nicht anerkannt hat. Insgesamt ist das Autofahren schwerer geworden. Meine Frau will mitreden. Sie benutzt eigenes Kartenmaterial und hört alle Viertelstunde Verkehrsnachrichten.

Das will ich nicht! Ich brauche eigentlich auch keine Karte. Keinen Navi. Ich orientiere mich an den Schildern. Vieles ergibt sich auch aus dem Stand der Sonne. An großen Autobahnkreuzen entscheide ich nach Bauchgefühl. Ich frage auch nicht nach dem Weg. So viele Möglichkeiten gibt's eh nicht auf der Autobahn.

Ich will jetzt etwas konkreter werden, weil mir die Ereignisse noch sehr frisch in Erinnerung sind. Wir waren also in unserem Maybach * auf dem Rückweg von Starnberg **, als meine Frau (gegen meinen Willen!) den Verkehrsfunk anschaltete. Der Verkehr lief noch flüssig. An dieser Stelle muss ich einflechten, dass meine Frau zwar insgesamt herrlich weiblich, aber nicht ganz typisch ist: Sie hat einen Segelführerschein, sie ist praktisch begabt und kann, soweit ich informiert bin, auch mit Schusswaffen umgehen.

Im Radio gab's eine Staumeldung. Wir fuhren langsam darauf zu. Viele der anderen Fahrer kamen mir bekannt vor, wir hatten uns im Verlauf der letzten 50 Kilometer mehrfach Lichthupe gegeben und verschiedene Vögel gezeigt. Aber im Stau waren wir alle gleich! Wenn nichts mehr zu fahren ist, dann muss man eben stehenbleiben.

Ich ließ das Fenster herab und beobachtete, ob jemand von meinen Mitbewerbern das direkte „Gespräch" suchte. Meine Frau blätterte im Kartenmaterial. Sie atmete kurz. Ein Stau ist für sie fast so schlimm wie ein Unfall. Sie wird dann zur tickenden Zeitbombe. Auf der Höhe von Pforzheim *** war die Fahrbahn gesperrt. Eine Vollsperrung! Dieser Begriff löst bei meiner Frau grundsätzlich Nervenreizungen aus. Es war einer der heißesten Sommertage „seit Beginn der Aufzeichnungen". Ich ließ den Arm fast bis zum Straßenbelag runterhängen. Meine Frau schrie in regelmäßigen Abständen und hatte ihre Karte zerrissen. Sehen Sie, und das sind genau die Momente, in denen ich urlaubsreif werde. Ich habe dann nämlich zwei Probleme: Den Stau und eine fast unkontrollierbare Beifahrerin.

Was lernen wir daraus? Der Urlaub mag noch so schön werden, aber man darf die Rechnung nicht ohne die Reise machen. Und deswegen möchte ich zum Schluss eine gewagte, aber für mich schlüssige These formulieren: Die Fahrt in den Urlaub löst die Erholungsbedürftigkeit erst aus. Wenn wir zuhause geblieben wären, hätten wir diesen Urlaub nicht gebraucht. Willkommen daheim!

---

* *Automarke geändert*

** *Urlaubsort geändert*

*** *Verfluchte A 8!*

Hoch lebe der Flughafen – und unten der Anwohner!

Haben Sie schon gefrühstückt? Heute trinken wir mal ein Glas Sekt, oder? Wir feiern heute das Gerichtsurteil von Leipzig. Das Bundesverwaltungsgericht hat entschieden, dass das Nachtflugverbot strikt einzuhalten ist. Ohne Ausnahmen! Endlich! Die CDU in Hessen hat gesagt, sie freut sich besonders wegen der „Rechtssicherheit". So eine verlogene Bande! Dabei haben die doch geklagt. Die wollten, dass nachts durchgeflogen wird.

Das ist ja so, als wenn ich nachts 'ne Party mache und mein Nachbar zeigt mich an. Und am nächsten Morgen gehe ich rüber zu ihm und sage: „Vielen Dank nochmal, dass Sie die Polizei geholt haben. Endlich habe ich Rechtssicherheit, meine Party war ja viel zu laut!"

Ein Nachtflugverbot, das ist für viele eine Schlafgelegenheit. Endlich ist es amtlich: Zwischen 23 und 5 Uhr darf geschlafen werden. Ehrlich gesagt: Ich habe nie verstanden, warum die Leute um drei Uhr in der Nacht nach Mallorca fliegen mussten ...

Für Fraport war das Fliegen in der Nacht natürlich eine Gelegenheit, Geld zu verdienen. Aber ein richtig dreckiger Flieger in der Nacht, das ist so, als wenn ich jemanden im Tiefschlaf mit einem Presslufthammer aufwecke und ihm dann zurufe: „Sorry! Schlaf einfach weiter!" Fraport hat das Geld im Schlaf verdient. Aber mit unserem Schlaf!

Und die andere Bedingung war, dass es „Lärmschutzmaßnahmen" geben wird. Alles fest versprochen! Na, da bin ich mal gespannt. Im Moment entwickelt Fraport wohl einen Typ Wintergarten, der den gesamten Gartenbereich überspannt. Mit Zehnfach-Verglasung! Da kann man Tomaten drunter anbauen.

Es wird einige geben, die gar nicht mit dieser Stille umgehen können. Haben Sie das mitbekommen: Im Taunus gibt es Fraport-Vorstände und Bilfinger-Vorstandsvorsitzende, die lassen sich den Fluglärm nach Hause liefern, weil sie sonst nicht einschlafen können. Weil sie so daran gewöhnt sind.

„Die paar Tausend Leute, die da in der Schneise wohnen ..." Wie hat der Lufthansa-Fuzzi neulich gesagt: Die sollen eben gucken, dass sie woanders schlafen. Wir haben ja hier eine freie Wahl des Wohnsitzes. Jeder kann sich eine Villa im Taunus suchen und da drin wohnen. Ist doch ganz einfach!

Interessant ist wirklich, wie sich die Parteien positionieren. Die CDU in Hessen hat ganz klar gesagt: Sie möchte die neue Startbahn nur dann nutzen, wenn die anderen gerade voll sind. Mm.

Also, ich glaube, deshalb wurde sie gebaut, WEIL die anderen voll sind, ODER? Die CDU hat einfach Spaß an diesem Flughafen. Die lieben diesen Flughafen. Bei Roland Koch ging das so weit, dass er am Ende gesagt hat:

„Ich geh in diese Baufirma rein, dann bin ich einfach näher dran. Am Beton!" Und das alles wegen der Arbeitsplätze! Alles für die Wirtschaft! Das Ziel ist es, dass alle Einwohner von Hessen und dem Großraum Mainz einen Arbeitsplatz am Flughafen haben! Fluglärm schafft Arbeit. Aber Fluglärm macht leider auch krank. Ich lasse mir nicht von Fraport die Schlaftabletten bezahlen!

Bevor hier aber der Sekt schal wird, schauen wir mal nach Berlin. Wie man einen Internationalen Flughafen richtig gut an den Start bringt, das zeigen uns die Herren Sozialdemokraten Wowereit und Platzeck in Berlin und Brandenburg. Ein Flughafen, der völlig geräuschlos arbeitet, nämlich gar nicht! Onkel WOWI hat sich einen BER aufbinden lassen. Einen funkelnagelneuen Flughafen. Ein Flughafen ohne Flugbewegungen. Das ist die Zukunft! Ein striktes Tag- und Nachtflugverbot! Bei Ostwind. Für Mainz. Darauf stoßen wir an. Prost!

Amoklauf an der Tankstelle

Neulich war ich tanken. Ich fuhr an die Tankstelle, schob den Zapfstutzen in den Hahn, also den Füllstutzen in den Zapfstecker, diesen Rüssel da, den man mit dem fetten Schlauch da rausziehen muss und dann sprang die Pumpe an. Und dann hab ich gewartet. Mit diesem leeren Blick. Kennen Sie diesen leeren Blick, wenn Männer tanken? Diese glasigen Augen? Es sieht genau aus wie bei Hunden, die gerade einen Haufen setzen.

Genau so stand ich da an der Zapfstutzenstengelrüsselanlage. Hab erst auf diese Liter-Anzeige geglotzt, runter auf die Euro-Anzeige. Und dann hab ich plötzlich gedacht: Diese Schweine, die zocken mich ab: Der Staat zockt mich ab, die Tankstellenpächter zocken mich ab. Und die Öl-Konzerne, die zocken mich sowas von ab.

Boah. Und dann hab ich sie vor mir gesehen, die Öl-Multis. Wie sie da sitzen, in ihren fetten, amerikanischen Büros. In ihren oberfetten Schildkröten-Ledersesseln. In den gigantischen Wolkenkratzern, mit den riesigen, spiegelverglasten Büros mit Blick auf die Golden Gate Bridge! Da hocken sie, die öligen, gegelten Typen und drehen an der Preisschraube wie andere an den Daumen. „Hallo, hier ist Maximilian Shell, spreche ich mit Aral? Sagt mal, heute is doch schönes Wetter, wir gehen so zwei, drei Cent hoch ... ist das ok für euch? Wird uns beiden gut tun, haha. Danke und Gruß an die Gattin!"

Genau so läuft es doch. Ich bezahle denen noch ihre Tropenholzschreibtische mit Elfenbein-Füßen. Und was machen die mit meinem Geld? Sie schicken ihre Lobbyisten los, schmieren die Politiker, investieren in menschenverachtende Hedge-Fonds, kaufen Aktien von irgendwelchen Bio-Firmen, um abzulenken von ihren Schweinereien.

Da sprudelt das Geld doch nur so. Ich zahle denen am Ende die sauteuren Anwälte, die ihr Honorar hoch- und die Umweltschäden runterrechnen, wenn wieder einer von den Riesentankern an der Küste zerschellt ist. Weil irgendein besoffener Kapitän in der Kombüse eingeknackt ist. Das ist doch deren Auftrag: Sie steuern diese Riesentanker in die letzten Vogelparadiese rein und lassen sie am Korallenriff zerschellen. Mit einer traumhaften Sicherheit rammen diese Tanker die letzten Idylle der Erde! Oder sie brettern in eine Bohrinsel, weil der zugekiffte Schiffsführer das Fernglas falschrum gehalten hat.

Und dann schießt das Öl jahrelang aus dem Meeresgrund heraus und drei Franzosen versuchen mit einem Bordeaux-Korken das Loch zu stopfen, während sich an der Küste die armen Vögel zitternd im Treibgut festkrallen. Enten mit herunterhängenden Schnäbeln, die nicht mehr durchstarten können, weil die Federn sich nicht mehr spannen lassen. Fische, mit Pusteln übersät und mit Wucherungen an der Schnauze! Und am Strand winden sich die ölverklebten Robben, röcheln vor sich hin, weil das Öl sich langsam in der Luftröhre festsetzt. Oh je!!!

So sieht's doch aus! Wir müssen blechen, weil dann wieder Tausende von Helfern engagiert werden müssen, die am Strand rumlaufen und die Ölklumpen aus dem Sand herauslutschen. Und ganz am Ende dieser fiesen, zerstörerischen Preisspirale, die nur ein Ziel hat, nämlich die Geldtanks von einigen Maxi-Multi-Millionären vollaufen zu lassen, da stehe ich, der kleine Verbraucher. Mit dem Rüssel in der Hand. Und glasigen Augen. Ich verrichte deren Geschäft!

Und als ich so da stand an der Zapfsäule, da hab ich eine Wut bekommen. Leute, ich hatte plötzlich einen Zorn! Da hab ich den Zapfen rausgeflanscht aus dem Tankloch, den Rüssel zurückgeschleudert in die Geldsaugabpumpmaschine und bin in diesen Tankshop rein, hab mich vor dem Pacht-Exemplar aufgebaut und dann hab ich zu ihm gesagt: „Die 5 bitte!“

Ein Herz für Studierende

Was hab ich gelesen? Zum ersten Mal in der neueren Geschichte der Stadt Mainz soll es ein Wohnraumkonzept geben. Mehr Platz für alle Gut-, aber auch für Wenigverdiener!

Richtig so!

Aber wer denkt in solchen Zeiten an die, die noch gar kein Einkommen haben und die auch ein Recht auf Wohnraum gebrauchen könnten? Deren Leben sich sowieso in der Verdichtung abspielt: die Studierenden!

Mainz ist eine Universitätsstadt. Ich weiß nicht, ob ihnen das mal aufgefallen ist, aber um das Fußballstadion hat sich vor über 500 Jahren eine Sportstätte für geistige Beweglichkeit gebildet.

Und bis heute kann man gelegentlich einen sympathischen, jungen, wissbegierigen Menschen mit einer abgewetzten Ledertasche auf einem Fahrrad herumfahren sehen.

Trotz ständiger Geldknappheit sind diese Leute meist gutgelaunt, lassen älteren Ureinwohnern (mit hohem Rentenanspruch) den Vortritt in öffentlichen Verkehrsmitteln und an den Supermarkt-Kassen. Es sind Menschen mit intelligenten Gesichtern, mit beweglichen Köpfen und vorwärtsgewandten Augen, die unserer Stadt den letzten Schliff geben, nämlich eine Zukunft.

Aber wie gehen wir eigentlich mit ihnen um?

Die wichtigste Voraussetzung für ein erfolgreiches Studium ist ausreichend Schlaf. Zwei Drittel seines Lebens verbringt der Mensch im Bett. Bei Studenten sind es sogar vier Fünftel. Und ich stelle gleich mal die Frage: Können die jungen Geisteswissenschaftler denn in Ruhe ausschlafen?

Da muss eben die morgendliche Müllabfuhr mal umgeleitet werden. Oder wollen Sie den Abschluss zum Bachelor-Biologen gefährden? Viele Studierende entschließen sich abends spontan dazu, woanders zu übernachten. Sollte da der Vermieter nicht gleich Betten vorhalten, die breit genug sind für das Vertiefen wissenschaftlicher Forschung und neuester Technik?

Studierende sind sehr bescheiden. Warmes Wasser und ein schnelles W-LAN, das genügt in vielen Fällen schon, um sie am Leben zu halten.

Viele der jungen Hüpfer sind so froh, dass sie die Eltern los sind, dass sie sich widerstandslos dem nächstbesten Mietvertrag unterwerfen. Ständige Kontrollen und überfallartige Klopf-Attacken an der Zimmertür gehören zum Alltag. Muss das sein? Warum passt sich ein Vermieter nicht dem Arbeitsrhythmus des philosophischen Jungtiers an, das bis tief in der Nacht an irgendwelchen Master-of-Desaster-Arbeiten gesessen hat?

Und wer schon mal so ein putziges, verschlafen-strubbeliges Murmeltierchen morgens aus dem Haus hat schlüpfen sehen, auf dem Weg ins Proseminar, der ahnt, wie lange das WG-Bad besetzt war.

Meine lieben Platzhalter in den leerstehenden Großraum-Villen, alleinstehende Industriellenwitwen, überlegen Sie mal, ob Sie nicht doch ein, zwei Erker-Zimmer mit einem Studiosus wiederbeleben wollen. So ein junger Mensch bringt endlich wieder Schwung in den Laden und vielleicht kümmert er sich auch um den Rasen und das Leergut.

Und bitte bedenken sie, dass der moderne Studierende einen anspruchsvollen digitalen Arbeitsplatz vorzufinden wünscht. Warum also nicht als Willkommensgruß einen 27-Zoll-iMac mit Retina-Display und kabelloser Maus bereitstellen?

Ich finde, dass die wenigen Leute, die demnächst unsere fetten Renten abdrücken, nicht nur mehr Aufmerksamkeit, sondern unsere offene Zuneigung verdient haben. Holen Sie sich Ihre Zukunft nach Hause!

Ein merkwürdiger Tag

Neulich bin ich aufgewacht und hatte schon so ein komisches Gefühl. Dann hab ich mich angezogen, bin runter gerannt in die Küche, da liegt da ein Zettel, eindeutig die Handschrift meiner Frau:

„Heute bleibt die Küche kalt
Ich lass die Arbeit ruh'n
Wo ist denn bloß mein Ehemann
Der kann ruhig auch mal etwas tun!"

Oh, oh, oh, dachte ich, das fängt ja gut an. Hoffentlich ist bei den Kindern alles in Ordnung. Ich komme wenig später in die Kinder-Etage, da hängen überall große knallrote Schilder:

„Bildungsstreik! Lieber faul und lahme Enten
als schuften für die Mini-Renten!"

Ach Gott, denke ich, wer hat ihnen denn davon erzählt? Ich gehe in die Küche. Na, wenigstens die Haustiere werden sich nicht anstecken lassen von der Streikwut der anderen. Von wegen: Beide Kater sitzen mit vorwurfsvollem Blick vor den gefüllten Näpfen. Mit Quark haben sie sich gegenseitig etwas ins Fell geschrieben:

„Hungerstreik!
Unser Napf ist viel zu klein
Die Fleischration könnt' größer sein!
Wir fordern mehr Mäuse, sonst kriegen wir Läuse!!!"

Ach du Schande, hab ich gedacht. Das darf nicht passieren. Im Vorgarten wimmelt es doch nur so vor Mäusen. Ich gehe also vor die Tür, da liegen Mäuseköttel. Ich will sie gerade wegkehren, da erkenne ich, dass die Köttel einen lesbaren Satz bilden:

„Wir kötteln euch in jede Ritze,
Mäuse machen keine Witze:
5 % mehr Überlebenschancen im Katzenkampf!"

Eine Maus hält sogar noch tapfer ein zusätzliches Schild hoch:

„Wir wissen, wo euer Käse liegt!"

Ja, spinnen denn jetzt alle?

Tatsächlich: Eine Spinne sitzt in der Hausecke, sie hält einen winzigen Zettel hoch:

„Heute gibt's kein Netz!"

In so einer schwierigen Situation muss man eigentlich den Fachmann holen. Ich wähle sofort die Nummer von Tierarzt Dr. Spangenberg. Er wird mir auch einen Tipp für die Kinder geben können. Bei ihm meldet sich nur der Anrufbeantworter:

„Jedes Schwein bekommt mehr Futter
Jedes Kälbchen hat ne Mutter
Selbst der Hase holt noch mehr raus
Nur wir Ärzte, wir geh'n leer aus!
Die Praxis ist zu, wir bieten nur noch Theorie an!"

Wo das Auge hinfällt, Streik! Ich mache den Kühlschrank auf: HUNGERSTREIK! Sämtliche Nahrungsmittel sind nicht mehr haltbar. Milch und Käse drohen sogar mit Schimmel! Also gut, hab ich gedacht, einen Streik kann man nur mit einer guten Schlichtung beenden.

Ich hab also erstmal den Katzen Mäuse in Dosen beschafft. Die Mäuse aus der Nachbarschaft hab ich durch Hanteltraining getuned, so dass sie bis zu 120 km/h laufen können. Den Kindern hab ich vorsorglich ihre Zimmer als Eigentumswohnungen vererbt, damit sie wieder Bock auf Bildung haben. Vielleicht war's auch das nagelneue iPhone 5, das ich jedem unters Kopfkissen gelegt habe ... Und der Tierarzt, der darf jetzt jede Woche eine Kolumne schreiben. Und meine Frau? Ja, da hab ich mir am meisten Mühe gegeben. Ich hab eingekauft, die Küche blitzblank geputzt und einen Zettel in die Spüle gelegt:

„Heute ist mal keine Kochzeit,
wir feiern einfach unsere Hochzeit!"

Und dann sind wir Essen gegangen. Das ist auch mal schön.

Dekomania

Ich weiß gar nicht mehr, wann es genau angefangen hat, aber vor einigen Tagen saß ich mit meiner Frau im Wohnzimmer. Wir hatten uns unterhalten, dann kam eine längere Pause. Wir kennen uns ja schon lange und da ahnt man auch schon mal das, was der andere sagen will. Und dann kann man's auch gleich lassen.

Wir saßen also so schweigend vor uns hin, als ich irgendwann aus dem Fenster geguckt habe. Huch, hab ich gedacht, da stimmt doch was nicht. – Und tatsächlich: Über dem Fensterrahmen hing eine Stroh-Stoff-Nuss-Puppen-Kombination herunter. Sehr hübsch gemacht, ohne Zweifel, aber selbstgemacht!

Ich blickte hinüber zu meiner Frau und sie sah mich verheißungsvoll an. „Und?" schnurrte sie. „Wie gefällt's dir?"

Tja, dachte ich, was soll man da antworten? Ich wollte nicht noch eine Krise heraufbeschwören. Und vor allem wollte ich nicht alleine sein im Winter.

Wenn sie mich so etwas fragt, dann mache ich immer ein neutrales Geräusch. „Braaab", oder so ähnlich. Da kann sie mich nicht drauf festlegen. Ach, hab ich gedacht, jetzt kommt vielleicht wieder diese Dekorationsphase. Das war leicht zurückgegangen im Sommer, da waren wir sehr viel draußen und sie schien ausgeglichen zu sein.

Aber jetzt fing es wieder an: Mit diesen Schalen. So mit Moos ausgelegt, ein paar Zapfen eingelegt, Nüsse ... Sachen, die vom Baum gefallen waren. Dinge, die auch die Tiere nicht mehr mitnehmen wollten. So weit ich weiß, gibt es auch einen Fachausdruck dafür: Gedöns!

Eine Woche später ging sie einen Schritt weiter. Plötzlich waren auf allen Fensterbänken Kürbisse. Überall Kürbisse. Oben die kleinen und unten die großen medizinballartigen. Vor dem Haus stand ein gigantischer Kürbis, der muss im Atomkraftwerk hochgezogen worden sein. Sogar im Schuhschrank hatte sie Kürbisse versteckt. In den Schuhen – „Als Schuhspanner!" hat sie gesagt.

Gut, ich kann's mir ja erklären. Draußen wird es jetzt früher dunkel und Frauen empfinden das sehr intensiv. Sie fühlen sich einfach sicherer mit einer Stroh-Stoff-Nuss-Puppen-Gedöns-Schale. Bei Einbruch der Dunkelheit, habe ich gelesen, werden ja noch mehr Gefühle bei Frauen ausgelöst als bei Einbruch der Helligkeit. Achten Sie mal drauf! Und rein wissenschaftlich ist es wohl so, dass in den Gefühlsknospen auch diese Dekorationspapillen eingelagert sind. Und durch Kontraktion und die feuchte Kälte löst das dann diese Dekomania aus. –

Und dann kann man nichts mehr machen! Dann wollen die Frauen immer mehr Kerzen anstecken, Duftschalen mit Zitrus-Kamillosan-Gemisch ... Und natürlich Tee auf Stövchen! Hunderte von Litern Tee auf Stövchen haben wir im Haus rumstehen. Das kann kein Mensch mehr austrinken.

Meine Frau sagt immer: „Frauen haben eben mehr Gefühle als Männer!"

Wenn ich so einen Unsinn höre. Als Mann kann man sich's auch gemütlich machen. Wenn ich mir 20 Kerzen anstecke, dann fange ich auch an zu weinen. Klar kommt der Herbst auch für uns Männer. Aber da kann man sich doch drauf einstellen.

Wenn's bei uns abends dunkel wird, dann gehe ich in den Keller und hole mir eine Flasche Bier. Ich kenne sogar Männer, die gehen mittags schon gucken. Ob's dunkel ist! Und je mehr ich trinke, desto mehr gehen bei mir die Lichter aus. Da brauche ich wirklich keine Stroh-Stoff-Nuss-Puppen-Affen-Schale ...

Man sagt ja, dass Frauen mit diesen Dekorationen Kontakt aufnehmen wollen zu ihren Männern. –Hm. Ich glaube, es ist der falsche Weg.

Eine Kirche für die Menschen

Es war einmal eine kleine Gemeinde. Die hatte eine nicht übermäßig große, aber sehr gemütliche Kirche. Sehr einladend! Im Sommer war sie kühl und schattig, im Herbst und Winter warm und heimelig. Der Altar war würdevoll hergerichtet und die Orgel hatte einen wunderschönen Klang.

Jeden Sonntag kam ein Großteil der Gemeinde in diese Kirche. Die Glocken läuteten und die Menschen strömten ein. Zu Beginn spielte die Orgel ein prachtvolles Werk und im Anschluss hielt der Pfarrer eine bemerkenswerte Predigt. Lebensnah sprach er über den Alltag und verwob die Themen kunstvoll mit dem Glauben an Gott. Wenn er geendet hatte, brandete nicht selten Applaus auf, so gut hatte er seine Sache gemacht. Alle fühlten sich gut getroffen und aufgehoben in seinen sprachlichen Bildern, seine Erscheinung flößte Vertrauen ein und Respekt. Wenn der Gottesdienst vorüber war, stand der Pfarrer an der Tür und verabschiedete alle Gläubigen mit Handschlag. Seine Hand war warm und seine Augen ruhten freundlich auf den Mitgliedern seiner Gemeinde. Diese gingen erfüllt nach Hause.

Einmal gab es ein schlimmes Ereignis, das die Gemeinde sehr bewegte. Man unterhielt sich angeregt darüber und alle waren gespannt, wie der Pfarrer am Sonntag dazu Stellung nehmen würde. Tatsächlich begann der Gottesdienst mit einer ungewöhnlich ergreifenden Musik, der Pfarrer leitete fein- und hintersinnig über zu dem Ereignis und fand bewegende, einfühlsame Worte der Trauer, sparte aber auch nicht mit Kritik. Als die Gemeinde auseinander ging, dankte man ihm für seine klare Sicht der Dinge und die Hilfestellungen. Einige diskutierten im Garten vor der Kirche weiter oder gingen gemeinsam zum Mittagessen.

Aber nicht nur die Erwachsenen waren glücklich mit diesem Pfarrer. Auch die Kinder liebten ihn. Für sie hatte er auch außerhalb der Kirche ein offenes Ohr. Er verstand es, sich mit ihnen auf eine besondere Weise zu verständigen. Der Pfarrer galt zwar als fortschrittlich, aber er gab sich keine Mühe modisch zu sein. Das spürte man vor allem in den Kindergottesdiensten. In diesen Veranstaltungen ging er auf die Bedürfnisse der Kinder ein, er forderte sie heraus, er spielte mit ihnen, indem er sie überraschte! Jede Woche aufs Neue. Sein Umgang mit Jugendlichen war legendär. Manchmal gab er die Kirche frei für Rockkonzerte oder die Jüngeren durften eine Party in den kirchlichen Räumen feiern.

Natürlich gab es auch in dieser Gemeinde gelegentlich Uneinigkeit. Einmal herrschte große Empörung. Ein paar Mitglieder waren nicht einverstanden mit der Haltung des Pfarrers und wollten die Kirchenmitgliedschaft aufkündigen. Der Pfarrer bot allen ein Gespräch an und verabschiedete sie mit herzlichen Worten. Seine Tür, versprach er, stünde immer offen.

Liebe Leserinnen und Leser, ist das nicht eine wundervolle, ideale Vorstellung von Kirche? Woran liegt es eigentlich, dass nur so wenige Gemeinden diesen Traum leben?

Warum sitzt man in Wirklichkeit oft fassungslos auf der harten, kalten Kirchenbank und wundert sich über die dröhnende Leere, die weltfremde Betriebsamkeit zwischen Kelch und Kruzifix? Glauben Sie, dass auch nur ein Christ diese Kirche freiwillig verlassen hätte, wenn sie ihm auch nur eine Treppenstufe entgegen gekommen wäre? Die Kirche hat eine wunderbare Aufgabe. Sie könnte der Mittelpunkt unserer Gemeinschaft sein.

Dankbarkeit

empfinde ich gegenüber den Menschen, die mir geholfen haben bei diesem Buch. Ich danke besonders denen, die mich inspiriert haben, die mich korrigiert haben und bei denen, die mich geschmacklich beraten haben – Das sind Anja, Astrid und Matthias! Und natürlich die Kinder, die Katzen, die lieben Nachbarn, die Straße, die Bewohner von Finthen und die ganze Stadt!

Vielen Dank!

Inhalt

Zugabe

Zugabe

Zugabe

Zu-ga-be!

– Also gut …

Mein Vater

Haha ...
Beim ersten Mal musste ich herzlich lachen. Mein Vater stand im Flur, hatte eine dicke Clownsnase auf und rief: „Helau!" –
„Haha ..." Es war Anfang Mai und es sollte ein unvergesslicher Sommer für uns werden.

Fast jeden Abend rief der Vater uns zusammen, um einen Vortrag zu halten.
„Kokolores" nannte er seine Reime, deren Humor sich uns verschloss.
Er war nicht wiederzuerkennen.
Ständig probierte er die verschiedensten Kostüme aus.
War er morgens als Bär zum Frühstück erschienen, konnte es passieren,
dass er am Mittag schon als Katze oder Scheich zu uns stieß.

Eines Tages stellte ich ihn zur Rede.
„Vater, hast du einen Moment Zeit?" –
Der Vater war emsig damit beschäftigt, ein Känguru-Kostüm überzustreifen.
„Gut, dass du da bist. Schnell, hilf mir mit dem Reißverschluß.
Der Beutel hat sich verklemmt."
„Vater", sagte ich zögernd, „Was ist los mit dir?"
Fast trotzig stülpte er sich die Maske über und sprang davon.

Zum Mittagessen erschien er in bester Laune.
„Das MCV-Ballett hat angefragt, ob ich nicht einen Text für sie schreiben will!"
Meine Mutter starrte betroffen auf ihren Teller.
Ungläubig blickte meine Schwester auf:
„Was soll denn ein Ballett mit Texten?"
Es war Hochsommer.
Der Vater schwitzte.
Jetzt saß er meistens – nur mit einem Fell und Pappnase bekleidet –
auf dem Sofa und sang Fastnachtsschlager.

Ich machte ihm Vorwürfe.
„Warum kannst du nicht wie andere Väter den Rasen mähen oder Bier trinken?"
Da lachte er und sagte: „Komm mit!"
Neugierig folgte ich ihm in den Keller.
Vor einem großen Schrank blieb er stehen, sah mich weihevoll an und öffnete ihn.

Mein Blick fiel auf eine Unzahl von Tierkostümen, Löwe, Hase, Hund und Katze, Verkleidungen als Phantom, Geist, Scheich, Robin Hood, einige Früchte-Kostüme.
Dann legte er den Arm um mich und sagte, nicht ohne Stolz:
„Siehst du? Das alles wird eines Tages dir gehören!" –
Ich hatte Tränen in den Augen.

Bald darauf kam er wieder sehr aufgeregt nach Hause.
„Ich bin zum stellvertretenden Zugmarschall der Kokolonia Füsiliergarde Mainz-Weisenau ernannt worden", berichtete er stolz.

Die Mutter brach schluchzend zusammen.
Meine Schwester stand ratlos in der Tür und schüttelte den Kopf.
„Herzlichen Glückwunsch!" presste ich hervor und stürmte hinaus in den Garten.
Die vermeintliche Beförderung gab ihm Auftrieb. In den nächsten Wochen trieb er es noch toller. Er begann damit, kleinere Umzüge zu organisieren und auf dem Wendehammer hielt er öffentliche Vorträge. Auf seinem Schreibtisch endeckte ich eine angefangene Dissertation mit dem Titel „Wege nach Narrhalla".

Aber es kam noch schlimmer.
Auf der Beerdigung seiner Großtante tauchte er in einem Zitronen-Kostüm auf und hielt einen schwungvollen Vortrag im Schwellkopf.

Es war Spätsommer.
Aber wie konnten wir den Vater davon überzeugen, dass es auch andere Jahreszeiten gab?

Eines Abends beriet ich mich mit Schwester und Mutter.
Noch in der Nacht schrieb ich einen kurzen Brief und legte ihn auf seine „Eule".
So nannte er seinen Schreibtisch.

Am nächsten Tag wartete ich im Wohnzimmer.
Mein Vater kam.
Punkt 11.11 Uhr stand er vor mir.
Er trug einen prachtvollen Gardeanzug mit Epauletten, die Brust war mit Orden übersät und auf seinem Kopf saß eine schmucke Narrenkappe mit Glöckchenstummschaltung.

„Sind Sie der stellvertretende Kommandeur des dritten Füsilierbataillons der Prinzregentengarde der bleichen Geschwister?“ stellte ich ihn streng zur Rede.
Und tatsächlich, es funktionierte.
„Jawoll, mon Général!“
„Sie wissen, dass die Kampagne heute zu Ende geht. Leider!“

Nun war es an meiner Schwester, den manipulierten Kalender hochzuhalten, auf den wir „Aschermittwoch“ geschrieben hatten.
Die Mutter hatte sich hinter der Couch versteckt.

Am nächsten Morgen saßen wir ungeduldig am Frühstückstisch.
Wir hatten kaum geschlafen und erwarteten seine Ankunft.
Er ließ sich Zeit. Schließlich kam er die Stufen hinunter.
Er schien gutgelaunt und summte vor sich hin.
Ich erstarrte.
Es war die Melodie von „Heile, heile Gänschen“.
Plötzlich stand er vor uns!
Er trug einen langen, roten Mantel und eine Zipfelmütze.
„Wer hat meinen Schlitten versteckt?“ fragte er spitzbübisch.

Damit konnten wir leben.

Reichow klingt gut!

LARS REICHOW EMPFIEHLT:
DIESE TONTRÄGER MACHEN FREUDE!

Goldfinger

Goldener Humor in Zeiten des Aufschwungs – Live aus dem Staatstheater Mainz

Wie schön Du bist

Eine Aufnahme von neuen Songs, neu arrangierten Klassikern. „Wie schön Du bist“ ist eine Liebeserklärung an die Musik. Eine CD voller Liebe Glück, Leid, Zorn und Heiterkeit.

Glücklich in Deutschland

eine Extraportion Patriotismus für die Verzagten und Verzweifelten im Lande! – Live aus dem Staatstheater in Mainz

Der Klaviator

Fünfteiliger Musik-Comic umrahmt von Songs und Geschichten aus dem aktuellen Erfolgsprogramm. Live aufgenommen im Haus der Springmaus, Bonn.

pianoTorte

Mit diesem literarisch-kulinarischen Kosakenzipfel kehrt die hochdekorierte Naschkatze Reichow auf samtigen Pfoten in die Auslagen der führenden Kaffeehäuser ein.

Allerhöchste Tastenzeit

Als Karikaturist des Alltäglichen transponiert ein Meister perfider Witzigkeiten die großen und kleinen Lebenskatastrophen in klingende Musik-Geschichten.

Lars Reichows Tonträger können Sie bestellen
· im Internet unter www.larsreichow.de
· per e-mail direkt unter info@lachland.de
· oder am Telefon 06131 60253555